いきなり
動画の達人になる本

映像作家
伊藤正治
佐藤克則

スマホから始めて「上級スキル」を身につける

言視舎

はじめに

　今、ネットには素敵な動画があふれています。

「憧れちゃう。わたしもこんな**動画を作ってみたい。でも、何から手を着けていいのかわからない**」

　そんな悩みをお抱えの方に、**動画をつくるイロハやコツ**をご紹介していきます。

　本書のモットーは**トライ＆エラー**。

　失敗は成功のもと！

「何でもいいから、とりあえず撮影してみよう」が基本です。

　すると、出てくる出てくるクエスチョンの山とビギナーならではのミス。

　実は、このクエスチョンとミスこそ成長の秘訣。次のステージに進む近道なのです。

　どうか、**本書の順を追って撮影していってください。**

　すると、多くの「気づき」に出合うことになります。その「気づき」を積み重ねることで、自然と動画作品を作る上での身構えや基礎力を身につけることができます。

　さあ、さっそく撮影を始めてみましょう。

　え？　ビデオカメラがないですって？

　大丈夫。とりあえずは皆さんお持ちのスマホでＯＫ。

　撮影を進めていく中でカメラ（ハンディカムや一眼レフ）の必要性を感じられたら、その時点で購入を改めて検討してみてください。

　本書を読了したあと、スキルアップした皆さんは**次のステップへ**と羽ばたいていきます。

　ある人は、ユーチューバーとしてデビュー。

　ある人は、プロの道を目指し専門学校や大学に。

　ある人は、就活用に自分のＰＲ動画を作成。

　また、社会人の方は会社でスキルを活用。会社のＨＰ用の動画やプレゼン用の動画を作ったりします。そして、その動画が評判を呼び社長から映像マイスターに認定され……。

　とにかくいろいろ夢が広がること、請け合いです。

　本書では理解を深めてもらうために、解説に加え要所要所にＱＲコードを記載。**参考動画**をアップしたＵＲＬに簡単にアクセスできるようにしました。

　ぜひ、**映像を確認しながら**本書を読み進めてください。

「あ⁉ そういうことなんだ」

　皆さんの " 気づき " は映像によりグ〜ン！とアップ。その効果は絶大です。

　では皆さん、動画作りにチャレンジしていきましょう。

　まずは、お手持ちのスマホで何でもいいので動画撮影をしてみてください。

　撮影が済んだところで、第１章にお進みください。

目次

第1章
まずはスマホで撮影してみましょう

　スマホでの動画撮影は終わりましたか？

　お済みでない方は何でもいいので、今、撮影してください。10秒でも20秒でも構いませんので。

　もちろん、AUTOモードで結構です。技術的なことは先送りして、とにかく映像を撮ってみましょう。

　さて、皆さんは何を撮影されたでしょうか？

　多くの皆さんは、「何でもいいなら」とお手軽に周りの様子を撮影されたことと思います。

　本書を読んでいる場所は、自宅やカフェあたりですか？

　すると撮影したのは机やテーブルに置かれたカップや本書、あるいは窓外の風景……。何となく漠然と室内（店内）を撮影したかもしれませんね。大胆に店員さんや見知らぬお客さんを撮影した方もいるかもしれません。とりあえず、それで結構です。

　で……、ですね。

　ここでお訊きしたいことが3つあります。

①撮るために移動しましたか？　それとも本書を読んだままの態勢で撮影しましたか？

②縦長で撮りましたか？　それとも、横長で撮りましたか？

③縦撮り（横撮り）を選んだのはどうしてですか？

　ほとんどの方は、座ったまま撮影されたのではないでしょうか。

　何でも気軽に撮影できるのがスマホの利点。ですので、それでいいと思いま

す。

　ですが……。

　もしあなたが撮影のために立ち上がったり、被写体を探して移動したのであ
れば、それはとても素晴らしいことです。「何をどう撮ろうか」と、無意識に
考えていたわけですから。"映像に関する本能"にスイッチが入り、あなたの
ポテンシャルが引き出されたということです。

　実は本書のネライは、**皆さんが持っている"映像の本能"を目覚めさせるこ**
とにあります。

　で、そのために一つだけお願いがあります。

　撮影するときは、何となく撮ってしまうのではなく、**たえず被写体を意識し**
てほしいのです。「何をどう撮ろうか」という意識を持つことで、"映像の本
能"が覚醒し、撮影に対する"嗅覚"がどんどん身についていくからです。

　さて、2つ目の「タテ撮り」「ヨコ撮り」クエスチョン。

　結論からいうと、これはタテヨコどちらでも構いません。ポイントは、なぜ
タテ（ヨコ）なのか。その理由を説明できるかです。

「そんなこと言ったって、いつもタテ（ヨコ）で撮ってるし……」

「スマホを手にして何も考えないで撮ったから、別に理由なんか」

　そうお答えのあなたはせっかく持っている"映像の本能"を使わずに、眠ら
せてしまっています。何とももったいない。

　でも、もしあなたが無意識にでもタテヨコを**チョイス**していたら、"映像の
本能"が機能した証拠です。素晴らしい！　映像の嗅覚がしっかり働いていた
ということです。

　とにかく「何となく」「漠然と」が、撮影の一番の大敵！

　必ず意識を持ってのぞんでください。

　といっても、最初は難しいと思いますので、二択クイズの気分でお気楽に。
仮にイージーな気分でタテヨコどちらかを選んだとしても、映像をプレビュー
した（見直した）ときに、こんなふうに思うはずです。

「やっぱヨコのほうがよかったかな」

「うん、タテで正解だな」

　実はこの感想が大切なのです。

　もし何も思わなかったとしても、何かを探して自分に対して感想を言うようにしてください。必死になって、いい点・悪い点を見つけてください。

　このチョイスと感想の積み重ねこそが"撮影の嗅覚"を育てるのです。

　この感想がとても大切なので、今後は"振り返り"と呼ぶことにします。

　では、タテヨコを意識して何回か撮影してみましょう。

「なんか、タテよりヨコのほうがいい気がする」

　最初はそんな感じで別に深い理由がなくて構いませんので。

☆　　　　　☆　　　　　☆

　撮影しましたか？

　で、どうでしょう。"チョイス"と"振り返り"を繰り返していると、いろんなことを考えませんか？

「ヨコもいいけど、今度はしゃがんで見上げるようにしてタテで撮ってみよう」

「ヨコで撮影したけど、今ひとつかな。次はもう少し前に出て距離を詰めて。……あ、そうか!?　それだとタテのほうがいいかも」

　そんなことが頭に浮かんできたら、しめたもの。ぜひ、実践してみましょう。ひと手間かけるごとに、映像がどんどん変化するのを実感できると思います。

　そうなんです。

　タテヨコを決めることは、実は構図を意識すること。

　そして構図を考えはじめたら、いろいろ試したくなってくると思います。どうぞトライしてみてください。

「背景を変えたほうが面白そう。じゃ、被写体の人形を別のとこに持って行こう。あそこだとヨコかな」

　たとえば、そんなことです。

　こうして"チョイス"と"振り返り"を繰り返すことで、撮影の嗅覚が鍛え

られていくのです。

　もちろんタテヨコじゃなくて、カメラを斜めにしてスタイリッシュに撮影しても構いませんよ。やってもらいたいのは、**撮影の前に「何をどういうふうに撮るか」を考えること**。"たくらみ"を持って撮影にのぞむことです。

☆　　　　　☆　　　　　☆

Lesson 1

　撮影場所を移動して、いくつかの状況で撮影してみましょう。

　テーマは2つ。

a) 風景（自然）

b) 街（交通・人並み）

　近くの公園や川沿いに行って、風景を撮影してください。花や雲、川のせせらぎなど、興味を持ったものなら何でも構いません。

　街も同様に、大通りや商店、電車やバスなどを撮ってください。

　撮影したら、さっそくプレビュー（見直し）してみましょう。自分が思った通り撮れていますか？　気に入らなければ撮影し直してみてください。

　ここでの**注意点**は2つ。

　1つは、手ブレ。

　参考動画1（P.15）をご覧いただければわかるように、スマホは軽量なので、腕が脇から離れると手ブレしやすく、映像が上下左右に揺れて大変見づらくなります。スマホを両手で持って、脇をガッチリとしめて撮影してください。

　スマホの機種によっては手ブレ防止機能もついていますが、完全ではありません。スマホを揺らさないように自分で工夫しましょう。

　もう一つは、**自分らしい映像**が撮れているかどうか。

　誰が撮っても一緒の映像になっていませんか？　単なる記録映像ではない、自分ならでは、自分らしさを感じる映像を心がけましょう。そうすれば撮影の嗅覚がどんどん鋭くなっていきます。

今は、スマホで高画質な映像が撮れる時代です。

"それなり"の映像なら、高価な映像専門カメラを購入してトリセツと悪戦苦闘しなくても撮影できます。苦労いらず。便利なものです。でも実は、ここに大きな落とし穴が潜んでいるのです。

「便利」とは、「考えなくてもすむ」ということ。しっかりと事前に準備しなくてもお手軽に撮れてしまうので、何のネライもない中途半端な映像になってしまうのです。

"何を撮るのか"

しっかり意志を持って撮影しなくては、力のある映像は決して撮れません。簡単に撮影できてしまうことは、実はとても恐ろしいことなのです。ご注意あれ。

肘を浮かせバネのように衝撃を吸収する

腰をやや低くする

膝を少し曲げ体が上下しないように歩く

肘をついてスマホを固定する

Lesson 2

動いている人を撮ってみましょう。

通勤・通学の人々、街を歩いている人、働いている人、犬と散歩する人、……。目を引かれたものにレンズを向けてください。

大切なのは、「**これを撮りたい**」と思う心、「**これを撮ろう**」とする意志です。

意識的に「**どうやって撮ろう**」と考えながら撮影してください。

第2章
「他己紹介」を1分で撮影します
少し作り込んでみましょう

　自然・街・人……。第1章では「風景画」のように世の中に存在するものをそのままの形で撮影しました。第2章では**自分で映像を作り込むことにトライ**します。

　具体的には、被写体を用意して撮影します。つまり**モデル撮影**です。といってもスティル写真のモデル撮影とは違い、**お友達を紹介するビデオ**を作ります。自己紹介ならぬ他己紹介ビデオです。**長さは1分。編集をしない、ワンカット**版です。

　撮影の設定は以下のようなものです。

「メンバーが100人いるグループにあなたが入っていると想定。そこにあなたの友達が入会。新人歓迎会でグループ全員に見せる友達の紹介ビデオを作ることになった」

　ビデオでは、まず友達の名前をフルネームで紹介。そのあと趣味や特技、経歴や性格とかを紹介してみてください。

　なお、今回は「発表会場にあるモニターで大勢で見る」という設定ですので、ヨコ長で撮影してください。また、お友達が自分で自分のことを語ると「自己紹介ビデオ」になってしまうので、**インタビュアーが被写体を紹介する「他己紹介ビデオ」**になるようにしてください。

　以下、撮影の手順です。

1. 取材

　友達といっても意外と知らない面があるものです。その知られざる本性を取材して見つけてください。思わずへーッとかホーッとか、初めて聞くと驚いてしまうようなことです。

　たとえば「東海道本線の駅名を東京から神戸まで全部いえる」とか「おじい
ちゃんが元オリンピック選手」とか「実はギネス記録を持っている」とかです。
　とにかく、お友達を取材して面白いネタを探してください。

2. プロット作り

　取材をもとにビデオの流れ（構成）を考えます。メモ的な箇条書きでも構い
ません。また、どういうふうにビデオを締めるのか、終わり方も考えてくださ
い。

3. リハーサル

プロットをもとに、友達とリハーサルします。

ビデオの長さは1分です。**プラスマイナス10秒**。50秒から70秒の間に収まるようにしてください。長かったり短かったりしたら、構成を修正してください。

4. 必要ならスタッフを増やす

今回は、インタビュアー（ディレクター）とカメラマンとの1人2役をやることになります。もし、リハーサルをして自分1人では難しくヘルプしてくれる人が必要なら、誰かに頼んでください。

カメラマンとインタビュアー役（ディレクター）を分けて撮影しても、一向に構いません。

5. ロケ場所選び

撮影場所を決めたら、**AUTO モードで撮影**します。

AUTO モードでは、ピントやホワイトバランスなど難しい設定をスマホが自動でやってくれます。今回は技術的なことは先送り。とにかく映像を撮ってみましょう。

※可能ならば、お友達に頼んで役割を入れ替えて撮影してみましょう。
　　自分が被写体になって撮ってもらうのです。カメラマンを呼んでいるのなら、順番に役柄（モデル、ディレクター、カメラマン）を入れ替えて3つの「他己紹介」を作ってみましょう。いろんな役回りをして、それぞれどんなスキルが必要なのかを知るのはとてもいい体験です。

第3章
撮った「他己紹介」を「振り返り」ます
失敗を成功の素に変えましょう

では、「他己紹介」をプレビュー（見直し）して "**振り返り**" をしましょう。

☆　　　　　☆　　　　　☆

どうでしたか？　ネライ通りいったでしょうか。

参考動画をネットにアップしてありますのでご覧ください（QRコードを使うと簡単にURLにアクセスできます）。

参考動画

他己紹介サンプル1
（手ブレあり）

1. 構図

人物の紹介なので、写真のように胸から上を切り取るサイズで撮られた方が多いのではないでしょうか。それでいいと思います。一般的に会話やトークを撮るときには、バストショットやアップで撮ることが多いです。

次のようなバストショットもあります。

わざと頭上の空間をあけない
バストショット

背景を意識して、人物を中心から
左右に少しずらしている

※ サイズに関しては、第6章を参照してください。

　以下、**よくある失敗例を使って説明**をしていきます。

失敗例１　顔の位置を、フレームの中心に置く

　これは、お子さんの運動会やお遊戯会を撮影するお父さん方に多く見られる映像パターンです。撮ることに必死で、顔をフレームのド真ん中に持って来てしまっています。頭の上に大きな空間ができてしまい、全体のバランスが悪くなっています。

失敗例２　バストサイズより引きすぎたサイズ

NG　　　　　　　　　　　　　　　　　OK

　インタビュービデオの目的は被写体の考えや思いを伝えること。活字やラジオでは話の内容だけが伝達情報になりますが、映像では被写体の表情や身振りも大切な情報です。そういう意味で、〈**失敗例２**〉のサイズは画面に対して顔が小さ過ぎるのです。

　通常、**バストショットやアップショット**が、インタビュービデオには最適です。しかし、**背景が情報として意味がある場合**、たとえば職場や事故・災害現場のインタビューなどでは、その限りではありません。背景を重視してフレーム作りをするケースもあります。

　何のための撮影なのか、その目的を意識してサイズを考えてください。

背景や状況を考えてのフレーム作り

　ただし、**テロップが入ると**状況が変わってきます。構図が窮屈になる場合があるのです。テロップが入る場所を考慮してフレーム作りをしてください。

テロップが入ると構図が窮屈

3点ともテロップが入ると丁度良いサイズ

2. 背景に気を配る（バレる、ガラス・鏡への映り込み）

a. フレーム内に、映したくないもの、映ってはいけないものがある

　フレーム内に不必要なものが映り込んでしまうことを "バレる" といいます。映像のテーマに関係ない物（人物）があると視聴者の意識を分散させてしまいます。ご注意を。

フレームの中に、映したくない人物が入っている

インタビュアーが持っているメモやスマホが、フレームの中に入っている

b. スタッフが背景のガラスや鏡に映っている

（"映り込み"といいます）

> 必要ない人物や物が映らないように、
> 注意しましょう

3. 目線に注意（インタビュアーの位置）

被写体はインタビュアーを見ながら回答します。

フレームの外から質問する場合、**インタビュアーがカメラの真横にいると**被写体の目線はちょうどいい感じになります。また、インタビュアーがカメラから離れた場所で質問すると、被写体があらぬ方向を見つめてしまい、視聴者は「一体どこ（何）を見ているのだろう」と考え始めインタビューに集中できなくなります。

また、被写体がレンズを見ると（カメラ目線）、視聴者は自分が見つめられていると感じ、映像を観ていて居心地が悪くなります。注意してください。

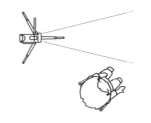

また、インタビュアーをフレームの中に入れる撮り方もあります。

インタビュアーが入り込む体の分量で「ナメ」「入れ込み」などといいます。「ナメ」は「インタビュアーの肩を舐めながら（肩越しに）、被写体を撮っている」という意味。

「入れ込み」は「インタビュアーの体がフレームの中に入り込んでいる」とい

う意味です。

　インタビュアーを敢えて映し出す必要がなければ、モデルを「単独」で撮影。インタビュアーが誰であるかが意味を持つ場合は、「ナメ」「入れ込み」で撮影します（たとえば、ニュースキャスターやジャーナリストが質問する場合など）。

単独　　　　　　　ナメ　　　　　　入れ込み

4. ポジションとアングル

　通常、インタビューのときは被写体の目線と同じくらいの高さから撮影します。このポジションを**目高（めだか）**とか**アイレベル**といいます。アイレベルのポジションで水平アングルで人物を撮影すると、視聴者に安心感を与えます。

アイレベル（目高）

　アングルには**3タイプ**あります。**水平アングル**、**ローアングル**（被写体を下から見上げる）、**ハイアングル**（被写体を上から見下ろす）です。

　撮影に都合がいいからと安易にローアングル（あおり）やハイアングル（俯瞰）のポジションに入ると、映像に別の意味合いが出て来てしまうので要注意です。

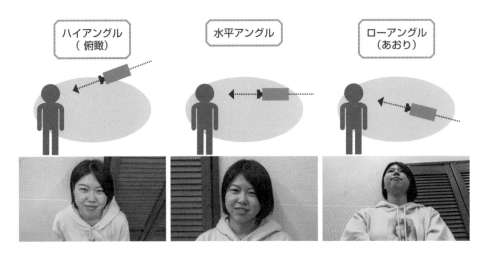

5. 手ブレ

スマホを両手で持って脇をガッチリとしめて撮影できたでしょうか。

プレビュー（見直し）して、手ブレがないか確認してみましょう。

そのとき、音を消してみてください。すると映像に集中でき、手ブレがあるかどうかハッキリと確認できます。

手ブレは映像の大敵です。

カメラを動かさずに固定して撮るときは、**三脚**を使いましょう。

スマホの三脚は 100 均のお店でも手に入るほど、手軽な価格です。

廉価なスマホ用三脚

あるいは、少し値段は高くなりますが**スタビライザー**も使い勝手がいいです（**ジンバル**ともいいます）。スマホを**スタビライザー**に装着すれば、撮影者が動いてもカメラの揺れや傾きがないスムーズな映像を撮影できます。ユーチューバーがよく使っている機材です。

スタビライザー（ジンバル）

　※カメラを動かさず三脚などで固定してとる撮影は、「フィックスで撮る」「FIX で撮影する」などといいます。

※ stabilize ＝安定させる

また、三脚をつかわない時は「手持ち撮影」といいます。

6. 音について

モデルの声はちゃんと聞こえましたか？
ポイントは3つです。

a. 撮影場所（静かな場所を選びましたか）

モデルの声より周囲の雑音が大きくありませんでしたか？　撮影にはノイズや騒音のない静かな場所を選びましょう。

プレビュー（見直し）するといろいろな音が気になるものです。例えば、周囲の人の声やエアコンの音など。お喋りをやめるようお願いしたり、エアコンのスイッチをオフにしてから撮影してください。

b. モデルよりインタビュアーが喋りすぎていませんか？

「質問時間が長い割りに回答が YES/NO だけ」

そんな動画になっていませんか。もしそうなら、視聴者は何も喋らない被写体をずっと見続けることになります。

インタビュービデオの基本は、被写体に多く語らせること。質問は短く、回答が長くなるように工夫してください。

c. インタビュアーの声は聞こえていますか？

録音マイクには特定の方向の音をよく拾う指向特性があります。モデルとインタビュアー、本来はこの2人に向け別々のマイクが必要なところ。しかしスマホのマイクは1つで、別々の向きから来る2つの声を録音するには限界があります。プレビューして音のレベルに差がつき過ぎていたら、別のスマホやICレコーダーで別録りをして、ミキシング（整音）してください（P.60参照）。

第4章
「他己紹介」をもう一度撮ります
ワンステップ上を目指しましょう

3章での振り返りをもとに、「他己紹介」をもう一度撮影してみましょう。

前回との**違いは2つ**。

1．AUTO撮影ではなく**マニュアル撮影にトライ**する。

2．手持ち撮影ではなく**三脚でスマホを固定**する。

他己紹介サンプル2

AUTOモードでの撮影では、いろいろな条件をカメラが勝手に判断。自動で綺麗で見やすい映像を作ってくれました。この**判断と操作を、自分でやる**のがマニュアル撮影です。

「カメラに任せて綺麗に撮れるんだったらそれでいいじゃない。なんでわざわざ面倒くさいことをやらなくちゃいけないの？　AUTOで十分じゃん」

そんな声が聞こえてきそうです。

その通りなのですが、便利なものにはやはり穴があるというか。一見優れた様に見える**AUTO撮影機能も実は万能ではない**のです。

例えば、フォーカス。

人物を撮っていたら、被写体の前を運悪く別の人が通過。するとフォーカスが手前の人に移動して被写体のピントがボケてしまい撮影がNGに……。

こんな経験をしたことはありませんか？

便利なはずのAUTO機能が、逆に撮影を邪魔するケースがあるのです。

やはり他人任せにしても、すべては自分の思い通りにはならないものなんですね。

もちろん"それなり"の映像ならAUTO撮影でも十分です。

でもここでは1ステップ上を目指し、「**明るさや色をコントロールして自分独自の映像作り**」をしてみましょう。マニュアル撮影を身につければ、クールでカッコイイ映像作りができるようになります。

　最初は少し難しくて戸惑うかもしれませんが、要は慣れです。せひ、自分の思い通りの"ネラった映像"にチャレンジしてください。

　※マニュアル撮影をしたことがない方は、先に第4章を読んでから撮影して
　　ください。

　では**前回の反省点を活かし**、なおかつ**フォーカスなどの技術的な問題を考え**ながら撮影を始めてください。

☆　　　　　☆　　　　　☆

　再撮影した「他己紹介」をプレビュー（見直し）してみましょう。

　どうでしたか？　前回よりも、ネライ通りに撮れましたか？
　ここではマニュアル撮影の**技術的なことを振り返ってみましょう。**
　基本は**以下の3つ**です。

1. フォーカス（ピント）
2. **露出**
3. ホワイトバランス

1. フォーカス（ピント）について

「画面をクリアにしたり、逆にぼやけさせる機能」のことを、**フォーカス（またはピント）**といいます。
　今回の撮影で大事なのは「**顔**」。
　顔がピンボケしていないか、もう一度チェックしてみてください。
「顔」の中でも特に大事なのは「**目**」です。
　目がはっきりしていると、顔がしっかりと映っている印象になります。逆に目が少しでもボヤけると、画面全体がはっきりとしない映像になってしまいます。これは「目にフォーカスが合っている」という言い方があるくらい重要なことです。

ピンボケ

ピントがクリア

　スマホでフォーカスを合わせる方法は簡単。

　画面の中でフォーカスを合わせたい部分を、指でさわって長押しするだけで
OK です。

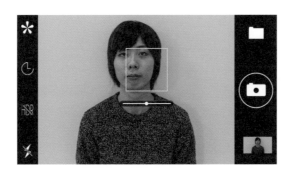

2. 露出について

　次は**画面の明るさ**についてです。

　この明るさのことを撮影用語で「**露出**」といいます。

　撮った映像が、暗過ぎたり明る過ぎたりして見えづらくないかチェックしてみてください。

日陰で撮影

日向に移動して撮影

　撮影する場所も重要。でも、暗い場所や明る過ぎる場所で撮影するケースも多いもの。**適度な光がない場所での撮影のとき、マニュアル機能が出番**となります。

　やり方はフォーカスの時と同じ。画面の中で「**明るさを調節したい部分**」を指で**長押し**します。すると調節スライダーが出現。このスライダーを動かすことによって、画面の明るさが調節できます（P.28参照）。

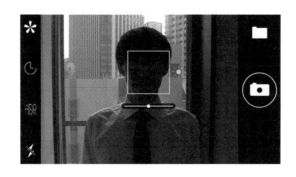

　背景よりもまず人物、その中でも特に顔の明るさを調節することが見やすい映像を撮るために大切なポイントです。顔や肌が綺麗に見える明るさであれば、背景が少し明る過ぎでも暗過ぎでも、問題ありません。

3. ホワイトバランスでほしい色を調整

「ホワイトバランス」とは、**映像の色を調整**する機能のことです。

　AUTO 機能で撮影すると自動的に見やすい色に調整されます。しかしその色が必ずしも自分の思い描いた色になるとは限りません。

「夕暮れだから**もっと赤い画面**で雰囲気を出したい」

「画面を**もっと青くして**クールな印象を作りたい」

　など、画面の色調整をしたくなるケースが結構あるものです。

　ホワイトバランスのマニュアル機能では、色温度（K: ケルビン）という数値を操作して色の調整をします。

より夕暮れらしく画面を赤くするためには、色温度を下げて 3000K ぐらいにします。逆に色温度を高く設定すると青くなり、10000K にすると画面は真っ青になります。

色温度 3000K

色温度 10000K

色温度と色の関係は以下の図のような関係性になっています。

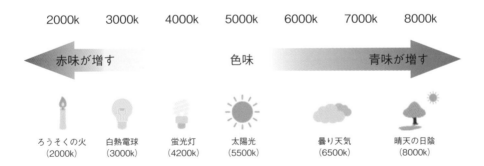

※スマホの機種により、ホワイトバランスの機能がないものがあります。
　その場合は、有料アプリをインストールしてください。

第5章
マニュアル撮影自由自在
Lesson 1～6で遊びながらテクを身につけます

　マニュアル機能を自在に使いこなせると、グンと腕前がアップします。

　この章では、マニュアル操作と仲良くなるために、**遊びを取り入れて撮影し**ていきます。

Lesson 1　フォーカスで遊ぼう

　フレーム内に2人の人物を入れて、フォーカスで遊んでみましょう。

　手順は以下の通りです。

①2人をカメラの**手前と奥**に配置する。

②**手前の人物に**フォーカスを合わせる（奥の人がボケた状態になる）。

③次に、手前の人物から**奥の人物へ**とフォーカスを移動する。

　④**再び**、フォーカスを奥の人物から**手前の人物に**移動する。

　これは「**フォーカス送り**」と言われ、映画やドラマでもよく使われる技法です。

参考動画

フォーカス送り

手前にあっていたフォーカスを、奥へずらすと……

Lesson 2　露出で遊ぼうⅠ（逆光の中で人物のアップを撮影）

　光の向きを意識してみましょう。

　大きくは順光と逆光があります。順光とは「被写体の正面から光が当たること」で、逆光とは「被写体の後ろから光が射している状態」のことをいいます。

　ここでは、**逆光の中で顔の表情がハッキリわかるように**撮影してみましょう。

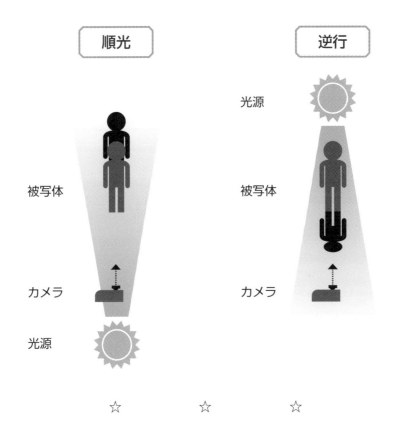

☆　　　　　　☆　　　　　　☆

　プレビュー（見直し）していかがでしたか？

　表情を読み取れない暗い顔のシルエット映像になっていませんか？（次頁）

　そういう人は、4章で学んだように露出をマニュアル機能でコントロールしてもう一度撮影してください。

表情がわからない

背景が飛んでいる

今度は顔がハッキリ見えるようになりましたよね。

でも写真のように、背景が白く飛んでいませんか?

さらに「**背景を綺麗に残したまま顔を明るく撮る**」ことにトライしてみましょう。

そのために、**白い紙を1枚**用意してください。

その白い紙に逆光の光をあて顔に反射させながら、再び撮影してください。

白紙でなくてもOK
白くて面積があれば何でも光を反射します

☆　　　　　☆　　　　　☆

　どうですか？　今度は背景が白く飛ぶことなく、顔を映すことができたのではないですか？

> 白い紙1枚の工夫で

　この効果は白い紙でもできますが、もちろん**レフ板**を使っても OK です。レフ板は専用のものもありますし、**発砲スチロール（カポック）**で手作りすることもできます。

> レフ板

> 発砲スチロール
> （カポック）

Lesson 3　露出で遊ぼうⅡ（顔に陰影をつけてみよう）

　今度は顔の中の明るさを変えて、ドラマチックな映像を作ってみましょう。

　晴れた日の窓際や強い照明を利用して、**1方向から光が顔に当たるように、**人物を配置します。そうすると、明るい部分と暗い部分（影）ができます。

　明るい部分に露出を合わせて固定すると、影が暗く沈み映画のようなドラマチックな映像が撮れます。

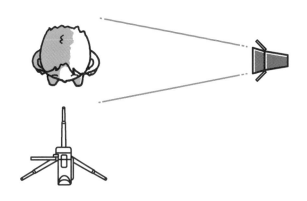

Lesson 4　露出で遊ぼうⅢ（忍法・隠れ身の術）

まずは写真を見てください。

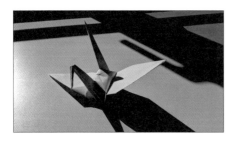

折り紙の鶴が一羽。

他にはなにもないように見えますが
……。でも、本当でしょうか？

映像の露出を変えて、画面を明るくし
ていくと……。

鶴の後ろの影のなかに、ミニカーが置
いてありました。

さらに明るさを変えていくと……。

今度は鶴が消えてしまいました！

参考動画

露出（折り鶴とミニカー）

　このように、画面のなかに光と影がある部分を狙って
露出を変化させると、見えるものと見えないものが出て
きます。この効果を狙って面白い映像を撮ってみてくだ
さい。

■ 露出とフォーカスとの関係

　レンズの中には「**絞り**」と呼ばれる羽のようなものがあります。これは光の入る量を調節する機能で、この光の量を数値化したものを **F 値** と呼びます。

　たとえば F8 から F5.6 に絞りを変化させると光の量は 2 倍になります。

　また、絞りはピントの合って見える距離範囲にも影響します。言葉を換えると**映像がボケる大きさ（範囲）が変わる**のです。

　参考写真を見ればわかるように、F 値が小さいほど前後が大きくボケ、F 値が大きいほどフォーカスが合う範囲が広くなります。

　この**フォーカス（ピント）が合っている範囲**のことを撮影用語で「**被写界深度**」といいます。

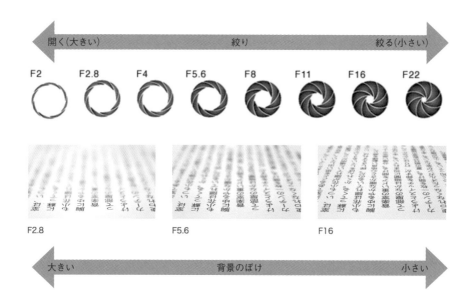

パンフォーカス

被写界深度が深いと、人物や背景すべてにピントがあった映像になります。こういう映像を「パンフォーカス」といいます。

Lesson 5　ズームで遊ぼう

　レンズには mm 数が書かれています。この数字が**大きいほど望遠**の映像（遠くのものがより近くに見える）、**数字が低いほどワイド**な映像（広角）が撮れます。

　下の３枚の写真を見てください。

　同じカメラポジションでレンズだけ交換して撮った写真です。

　望遠レンズは風景の中の一部分を切り抜いたように狭い範囲を映し、人物も背景も大きく見えます。逆に広角レンズでは手前から遠くの風景までが広々と映り、人物や背景が小さく見えます。

望遠レンズで撮影

標準レンズで撮影

広角レンズで撮影

　では同じサイズの顔のアップを、いろいろな mm 数で撮ってみましょう。

　同じサイズで撮るためには、広角レンズではカメラが被写体にグンと近づかないといけません。

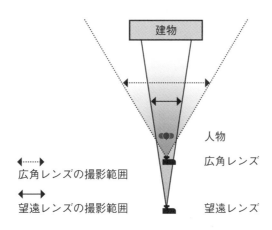

　写真を並べてみると、あらあら不思議。

　望遠から標準、広角になるにつれ手前の人物から背景が遠ざかっているように見えませんか。

　では、これを**動画で撮影**してみましょう。

望遠レンズで撮影　　　　標準レンズで撮影　　　　広角レンズで撮影

　人物のサイズを変えないで動画撮影するには、次の**2つの作業を同時に行な**います。

1. 望遠から広角にズームアウトしながら撮影

2. 被写体に近づきながら撮影

　手ブレしないように気をつけて撮影してください。

　距離を取るのが難しい時は、人物の代わりに人形や縫いぐるみを使うなど、工夫して撮影してみてください。

参考動画

ドリーズーム 1

背景の左に、写真立てがあらわれてきます

　上手く撮影できたら、今度は逆に被写体から遠ざかりながらズームイン（広角→ 望遠）の撮影をしてみましょう。

　ヒッチコック監督の映画『めまい』（1958）で有名になったこの「カメラの

参考動画

ドリーズーム2

移動方向とは逆方向にズームする撮影方法」は、映画のタイトルを取って「めまいショット」といいます。またカメラを台車（ドリー）に乗せて撮影するケースが多いので「ドリーズーム」ともいいます。

　ドリーズームは被写体と背景の距離が大きいと、より背景が遠ざかる（迫ってくる）ような効果が強調されます。

Lesson 6　ホワイトバランスで遊ぼう

　ホワイトバランスは色温度を調節することによって、画面の色を変化させることができる機能です。それを利用して遊んでみましょう。

　たとえば、ただの水が入ったグラスのホワイトバランスを変えてみます。

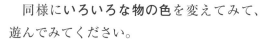

すると、水がお茶になったり、ブルーハワイのような青い色のカクテルになったりします。

　同様に**いろいろな物の色**を変えてみて、遊んでみてください。

　また白いTシャツや白い百合の花など、白い物に色をつけてホワイトバランスの効果を遊びながら確認してみてください。

サイズについて

　ここでは画面サイズについて紹介します。

　画面サイズとは、被写体がフレーム内でどの程度の大きさになっているのか
を表すものです。

画面サイズ

ロングショット
Long Shot(LS)

被写体を遠くから撮った遠景の映像

フルショット
Full Shot(FS)

頭から足先まで被写体の全てが入ったサイ
ズ。頭上と足下にスペースを設けるか、頭
上部分によりスペースを設けたほうが安定
して見えます。

ニーショット
Knee Shot(KS)

膝から頭頂部まで入ったサイズ。
2人以上で並んで歩くようなショットでよ
く使われます。

ウエストショット
Waist Shot(WS)

腰あたりから頭の先まで入ったサイズ。
上半身の動きを強調したい場合によく使わ
れます。

バストショット
Bust Shot(BS)

胸あたりから頭の先まで入ったサイズ。
人物撮影で最も多用され、被写体の表情と
上半身の動きに注目させたい場合によく使
用されるサイズです。

アップショット
Up Shot(US)

被写体の顔が画面一杯に入ったサイズ。
被写体の表情を撮りたい時に使用する
ショット。

クローズアップショット
Close-Up(CU)

被写体の目元、口元、手、足などが画面一
杯に入ったショット。

■ コラム　動画専用カメラについて

　スマートフォンでの動画撮影に物足りなくなった人は、動画専用のカメラを手にしてみましょう。ハンディカメラ、業務用カメラ、デジタルシネマカメラ、一眼レフカメラ、ミラーレス一眼など、いくつか種類があります。

ハンディカメラ

　ズームレンズとボディが一体になっている扱い安くて便利なカメラです。画面の揺れを抑える手ブレ機能が優れていて、手持ち撮影でも滑らかな映像を撮ることが可能です。

ハンディカメラ

　ファミリー層向けにおすすめのカメラで、旅行や運動会・お遊戯会といったイベント撮影に適しています。

　初心者用から機能が豊富で高品質な機種まで、幅広い種類があります。

ミラーレス１眼、デジタル１眼レフカメラ

　もともとは写真専用のカメラとして使用されていた一眼レフカメラですが、写真だけでなく動画も撮影できます。一番のメリットは、レンズが交換できること。特に単焦点レンズは、絞り値（F値）をかなり低くすることが可能で、美しい背景ボケの映像を撮影できます。

一眼レフカメラ

　しかし映像の質の高さに比べて、音質はあまりよくありません。また機種によって録画できる長さが決まっているので注意。

アクションカメラ

　過酷な撮影シーンに対応したビデオカメラ
です。堅牢性や耐水性、防水性などが重視さ
れるため、機能はシンプル。ズーム機能がな
い機種がほとんどです。

　また、通常のビデオカメラと比べてコンパ
クトで軽量なのも特徴。自転車のハンドル部
分やヘルメットに装着すれば、両手が自由に
なるというメリットがあります。

アクションカメラ

第7章
編集なしで１分間番組を作ります

　この章では**１分**の「**人物紹介**」ビデオを作ります。第２章の他己紹介ビデオの発展版です。

　架空のＴＶやYouTube番組を想定。番組スタイルや構成とタイトル名を決め、紹介する人物を選んでください。実在の人物、実在しない人物、擬人化した動物、エイリアン、雪男……。誰でもＯＫ。設定は、キー局やローカル局のゴールデン番組でも、バラエティ番組の１コーナーでも構いません。

　編集なしのワンカット撮影は他己紹介のときと同じですが、今回は**マニュアルモード**で撮影。手持ちではなく、**三脚に固定**して撮影してください。映像専門カメラで撮る場合は、ズームやパンを使って撮ってもＯＫです。ただしむやみやたらにカメラを動かすのではなく、効果的な使い方を考えてください。

　１分の設定は少し厳しくして55秒から65秒とします。

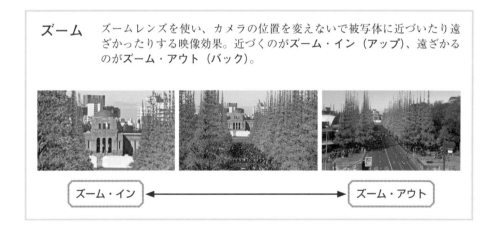

ズーム　ズームレンズを使い、カメラの位置を変えないで被写体に近づいたり遠ざかったりする映像効果。近づくのが**ズーム・イン（アップ）**、遠ざかるのが**ズーム・アウト（バック）**。

ズーム・イン　←――――――――→　ズーム・アウト

パン　パンとは Panoramic Viewing の略（パノラマのように見る）。三脚にのせたカメラを水平方向に回転させ、横長の撮影エリアを 1 ショットで見せる技法。垂直方向に動かすのはティルト・アップ（上方向）、ティルト・ダウン（下方向）（**パンアップ・パンダウンともいいます**）。

パン撮影イメージ

「なにを作ろうとしているのか」を、しっかりと企んでください。

もし企み事がモヤモヤしているなら、撮影前にクリアしてください。

そのためには企画書を書いて構成を明確にし、スタッフ・キャストと共有する必要があります。

以下、撮影の手順です。

1. 紹介する人物を決める

歴史上の人物（織田信長、マリリン・モンローなど）、アニメや童話のキャラクター（ドラえもん、人魚、青い鳥など）、自然現象（竜巻、ブラックホールなど）、生活雑貨（ビニール傘、綿棒など）……。

擬人化すれば、あらゆるものを紹介することができます。でもポイントは「彼らの何をどういうふうに紹介」するか、です。

とにかく面白いネタを探して、企画を立ててください。

1 人で考えても、仲間を集めてブレイン・ストーミングしても構いません。

また、人物を決めてから番組を考えてもいいし、番組から先に考えてもいいです（ニワトリが先かタマゴが先か、です）。

ただし、有名な「Ｔッ子の部屋」や「Ｔモリさんの笑っていいとも」など、どこかで見たような番組構成は避けて、オリジナル性豊かなものを作るようにしてください。

2. 企画書作り

　どんなフォーマットでもいいので、「なにを作ろうとしているのか」がわかるように、ビデオの流れ（構成）を書いてください。

　途中で「どうしたらいいんだ？」とわからなくなったら、それはピンチではなくチャンスです。実は、難しい所こそ面白くなるポイントなのです。問題点をしっかりと洗い出して、詰めていってください。

　また、どういうふうにビデオを締めるのか、終わり方もしっかり考えましょう。

> **企画書の例**
> 完成作品は
> P.48 の参考
> 動画です

「花子に1minutalk ～ 河童さん」	「世界一わかりやすい天気予報」
10代〜20代の若者をターゲットにした1分間の情報番組。 毎回テーマに沿って、MCの高田花子がゲストと1対1のバトル形式でトーク。世間がゲストに対して気になっていることを、花子が徹底的に訊きまくります。 今回のゲストは河童さん。 撮影場所は水底。 トークテーマは「河童のイメージ 〜理想と現実〜」。質問としては、「世間の河童さんに対するイメージを、河童さん自身はどう思っているのか」「普段はどんな生活を送っているのか」など	毎朝放送している、体を張ってお天気を紹介する番組。 番組の魅力は、天気予報を楽しく紹介するために毎回繰り出されるアナログな工夫の数々。 今回は台風が接近してきたという設定で、台風を擬人化して紹介します。 具体的には日本地図のパネルを使って、台風の進行方向を伝えていきます。 ポイントは、台風が「人の顔」になっている点。 情報としては「昨日は晴れだったが今日は台風で激しい雷と雨が降る」ということ。 最後は「皆さん気をつけて、行ってらっしゃい！」と明るく締める。 キャストはお天気お姉さんと台風。

3. 企画に合わせて、必要なスタッフ・キャストを手配する

4. リハーサル

　スタッフ・キャストを集めて、リハーサルをします。

　企画書にはなかったアイデアを出し合い、より面白くなるよう工夫してください。

　ある程度固まったら、時間を計って1分（55秒〜65秒）に収まるように修正してください。

　また、必要なら企画書を書き直してスタッフ・キャストで共有できるようにします。

5. ロケ場所選び

　撮影場所に特定の条件が必要なときはロケハンをします。ロケハンとはロケーション・ハンティングの略で、ロケ場所探し、下見のことです。

　場所によっては、撮影許可を得るために交渉や申請が必要です。

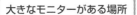

| 大きなモニターがある場所 | ホワイトボードがある場所 |

6. 美術・小道具

　場所が決まったら、飾りをどうするかを考えます。

　また、必要な小道具を集めます。場合によっては、自分たちで手作りしてください。

| マスクやぬいぐるみ |

| 小道具の工夫 |

| 資料フリップ |

| クイズの回答札 |

7. 衣装・メイク

　出演者の衣装を設定に合わせて選びます。それに合わせて髪型やメイクも考えてください。設定によっては、特殊メイク的なことも必要になります。

8. テロップ（字幕）

　編集をしないので、映像にテロップを入れられません。テロップが欲しいときは、撮影時に工夫して文字出しをしてください。

紙のテロップ

「最近あったおもしろ
エピソードは？」

「尊敬できる人は
いますか？」

9. 効果音・音楽

　効果音や音楽も、撮影後の編集作業がないのでつけられません。

　必要なときは、撮影現場で工夫して音出しをしてください。出演者の声とのバランスを考え、音を出す場所やボリュームを決めてください。

10. オールスタッフ打ち合わせ

　撮影前の最終確認です。準備不足や懸念材料は、撮影前にクリアします。

11. 撮影本番

参考動画

1分間番組

■ 原状復帰（原状回復）

　撮影後、絶対に守って欲しいことがあります。原状復帰です。

　撮影にお借りした場所を綺麗に掃除するのはもちろん、机や椅子を元の位置に戻すなど、現場を撮影前の状態にします。当たり前のことですが、「来た時よりも美しく！」をモットーにしてください。

　現場が荒れたままだと「ロケ場所を壊す」ことにつながりかねません。

「2度と撮影には貸すものか」

　自分たちが借りられなくなるだけでなく、他の撮影隊もその場所を借りられなくなるのです。

　なにはなくても"原状復帰"です。

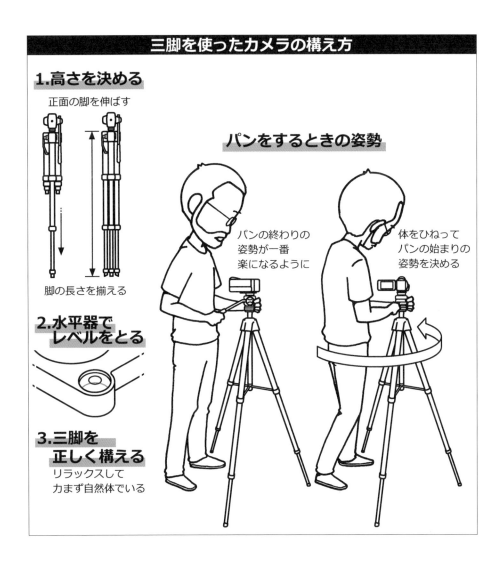

三脚を使ったカメラの構え方

1.高さを決める

正面の脚を伸ばす

脚の長さを揃える

2.水平器で
レベルをとる

3.三脚を
正しく構える

リラックスして
力まず自然体でいる

パンをするときの姿勢

パンの終わりの
姿勢が一番
楽になるように

体をひねって
パンの始まりの
姿勢を決める

第8章
編集ありで１分間番組を作るには

　まずは、前章で撮影した人物紹介ビデオをプレビュー（見直し）して"振り返り"をしてください。できたこと、できなかったこと、上手くいったこと、失敗したこと。いろいろあると思います。

　この章では、その**反省を活かして**再度「１分間番組」にトライします。

　前回から条件を２つ変更します。

1.「１分間番組」の内容は自由

　今回の「１分間番組」は人物紹介に限らずに自由に企画を立ててください。もちろん再度「人物紹介」を撮影しても構いません（ただし YouTube などネットに動画を上げることを考え、マナー違反など問題になるような題材や内容は避けてください）。

2. 編集作業をする

　編集ができないと、やりたいことが制限されて大変だったのではないでしょうか。

・ワンカットの中で、すべてを処理しなければならない

・タイトルやテロップ（字幕）を入れられない

・効果音や音楽を入れられない

　いろいろ窮屈な条件の中、逆に**編集の必要性**を強く感じていただけたかもしれません。でも、制限があるということは知恵を絞って工夫するということ。手作り感満載のライブ感覚（撮影現場でのテロップや音楽入れ）が面白い効果を生み出し、素敵な作品に仕上がったのではないかと想像しています。

　ＣＧを使った作品を目指している方は、ずいぶんアナログな作業だなと感じたかもしれません。でもどんなに進化したテクノロジーを駆使しようとも、**最終的にはクリエイターのアイデア勝負**。そのことをお忘れなく。

「素材丸出しの料理（編集なし）」から「シェフの手による美味しい料理（編集あり）」へ。編集を通して、撮影素材を煮たり焼いたり揚げたりして、見映えのよい美味しい作品に仕上げてください。

　撮影までの準備手順は基本的に「人物紹介」のときと同じですが、今回はコンテを作ってみましょう。コンテとは撮影方法の計画書みたいなもの。料理でいえばレシピです。

　コンテの一例をお見せします。

　左が字コンテ、右が絵コンテ。Cはカットの略で、C‐1はカット1、C‐2はカット2を意味します。全6カットのコンテ（カット割り）です。

コンテ	コンテニュイティの略。シナリオを撮影するためにカット割りした、俳優の動きなどを書いた撮影・演出台本。絵で示したものは絵コンテ。文字だけなら字コンテ。

	字コンテ	絵コンテ
C‐1	ヒキ・2人	
C‐2	B入れ込みのA	
C‐3	A入れ込みのB	
C‐4	Aのアップ（単独）	
C‐5	Bのアップ（単独）	
C‐6	ヒキ・2人	

ヒキ	被写体からカメラ位置を遠ざけ、より広い映像をとらえること
ヨリ	カメラを被写体に近づけて撮る画面のサイズ

紹介したコンテは、非常にオーソドックスなものです。

冒頭に状況を見せるカット、そのあと出演者のアップがそれぞれにあり、最後にまた**状況カット**、という構成です。

状況カット	シーンの冒頭などで、場所の状況や出演者の位置関係を認識させるためのショット。エスタブリッシング・ショットともいう（establish［英］は、設置する・設立するという意味)。

カットバック	前ページの絵コンテのように、対照的な2つの場面を切り返すことを「カットバック」という。

この構成は、動画の基本中の基本。映画やドラマでも多くのシーンがこの構成を土台にしてアレンジされています。

ポイントは状況カット（エスタブリッシング・ショット）の置き位置。順番を変えるだけで、印象が相当変化します。状況を見せるのを冒頭（c-1）にするのか、中盤（c-3など）にするのか、それともラストにするのか。あるいはヨリの映像からズーム・アウトして状況を見せるのか。はたまた、出演者Aからパンして出演者Bを見せ、それからズーム・アウト（あるいはドリー・バック）してツーショットの状況を見せるまでワンカットで撮影するのか。

このように**「いつ状況を見せるのか」をポイントにする**だけで、バリエーション豊かなコンテプランを練ることができます。

ドリー　　　　カメラを水平に移動させるために使われる、タイヤ付きの台車

ツーショット　　2人が並んで映っている画面。
1人の場合は「ワンショット」という。
また5～10名程度を映したショットを「グループショット」、多人数の場合は「モブシーン（群集シーン）」という。

とはいえ、**編集の仕方**が具体的にわからなければ何も始まりませんよね。

そこで第9章と第10章で編集に関して詳しく説明していきます。

（1分間コンテンツについては、第11章で再びお話します）

第9章
編集ソフトを使いこなしましょう

編集とは、撮った映像の良い部分をつなぎ合わせて作品を作ることです。
「えぇ〜、面倒！　撮った映像をそのまま見ればいいじゃん」
そんな声が聞こえてきそうですね。
確かに撮った映像は、そのまま見るだけでも楽しいもの。
でも映像を編集することで、魔法のようにまったく違った作品に作り替えることができるのです。

1．編集ソフト

スマホで撮影した映像を、スマホで編集してみましょう。
スマホにはたくさんの編集ソフトがあります。無料のソフトには iPhone でも Android でも使える kine master（キネマスター）などがあります。
まずは無料のものを試して、それから有料のものにすすんでください。

また、スマホの編集に慣れたら、パソコンでの編集にトライしてみてください。映像データの取り込みなど多少ハードルはありますが、さまざまなエフェクトを利用してきめ細かい編集ができます。また画面が大きいので作業しやすいのもメリットです。
パソコン購入時に無料ソフト（Mac は「iMovie」、Windows は「フォト」）がついてきます。まずはそこから始めてください。

2．編集にチャレンジ

編集ソフトの画面や操作は、もちろんソフトによって違います。
ただ多くのソフトに共通する操作も多いので、本書ではイメージ画面を作って説明していくことにします。最初の画面はどのソフトもおおよそイメージ画面1のような感じです。

　さっそく映像のデータを取り込んでみましょう。

　画面のメディアという部分を押すと、自分のスマホに入っている写真や映像のデータのリストが出てきます（イメージ画面2）。

　そこで編集で使いたい映像を選択すると、画面下のタイムラインと呼ばれる部分に映像クリップが並んでいきます（イメージ画面3）。

クリップ	編集するための個々の映像素材のこと。ビデオクリップ、オーディオクリップ、画像クリップなどがあります。

イメージ画面1

イメージ画面2

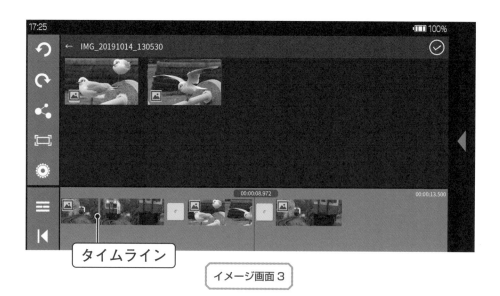

タイムライン

イメージ画面3

ここからが編集で**最も重要なポイント**です。

映像の長さの調節をしていきます。

つまり、映像の中で余分な部分を削除して自分が見たい部分だけを残すので

す。作業は以下の通りです。

①タイムラインに並んだ映像の中で調節したい映像をタップ。するとイメージ
　画面4のように映像クリップが選択されます。

②選択した映像の左端に指を置き、映像を開始させたいポイントまで右へスラ
　イドさせます（映像の冒頭部分を削除）。

③同様に右端に指を置き、映像を終了させたいポイントまで左へスライドさせ
　ます（映像のラスト部分を削除）。

　※短くし過ぎた場合は、逆にスライドすると映像の長さが元に戻っていきま
　　す。

　※ハサミアイコン　　　を使って長さを調整することもできます。ハサミア
　　イコンは、クリップをタップすると表示されます。

イメージ画面4

イメージ画面 5

　録画ボタンを押してから停止するまで、全てが面白い映像なら編集の必要はありません。でもそういう映像はプロでもなかなか撮れません。撮影では、どうしても面白くない部分や必要のない無駄な部分が出てきてしまうものなのです。その必要のない部分を削っていくのが編集作業です。

　ここが面白い！という部分だけを残して、映像をどんどんつないでいきましょう。

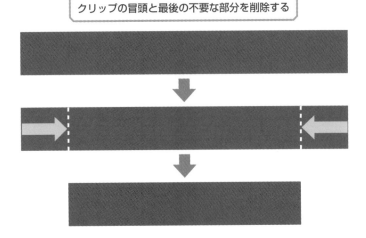

クリップの冒頭と最後の不要な部分を削除する

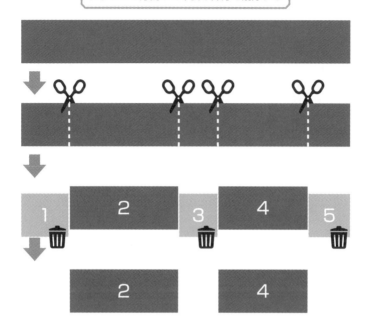

クリップを分割して不要な部分を削除する

3．音楽・効果音を編集に追加する

　編集した動画に音楽や効果音を加えてみましょう。

　イメージ画面1から操作していきます。

　そこにあるオーディオアイコンをタップ（イメージ画面6）すると、イメージ画面7のような画面が現れます。そこで素材を選択してください。

イメージ画面6

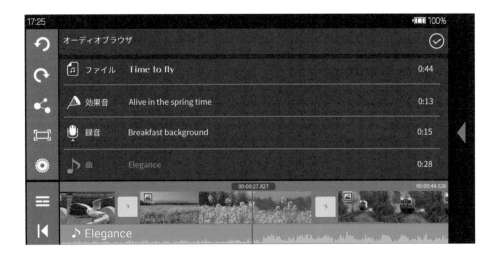

イメージ画面 7

　音楽（効果音）を貼り付けたら、映像素材の音と音楽（効果音）のバランスを考えながら、音量レベルを調整します。

a）映像素材の音量レベルの調整方法の例

　①映像クリップを選択
　②表示画面のボリュームアイコン🔊をタップ（イメージ画面8）
　③フェーダーで音量のレベルを調整（イメージ画面9）

イメージ画面8

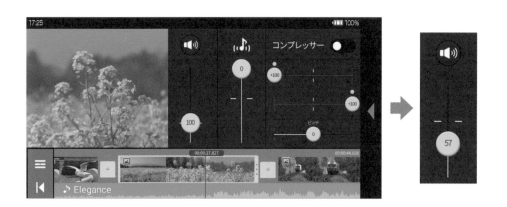

イメージ画面9

b）音楽（効果音）の音量レベルの調整方法の例

①オーディオクリップを選択

②表示画面のボリュームアイコン 🔊 をタップ（イメージ画面 10）

③フェーダーで音量のレベルを調整（イメージ画面 11）

イメージ画面 10

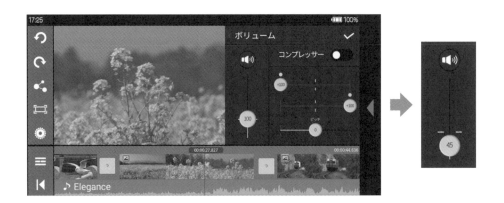

イメージ画面 11

4．カラーコレクション（Color Correction／色補正）

　編集でつないだ前後の２カットは、本来は同じ色調を持つべきです。

　でもその２つのカットに、大きな色のトーンの差を感じたことはありませんか。

　異なる時間や別々の場所で撮影した場合、色合いや明るさにあきらかな違いがでてしまうケースがあります。どんなに露出やホワイトバランスを調節してマニュアル撮影しても、完全に色を合わせることはプロでも難しいものなのです。

　そんなとき、編集で明るさや色を調整します。

　この作業を「カラーコレクション」といいます（通称カラコレ）。

　スマホ用編集ソフトでも、明るさなどのカラー調整をすることができるものがあります（イメージ画面12）。

　プロ用のソフトになると、人物の肌の色だけを抽出して調整できるなど細かい作業も可能です。

　実は映像の色補正には２種類あります。

　一つはカラーコレクション、もう一つはカラーグレーディング（Color Grading）です。

　カラコレが主に各ショットの色彩を統一させる「補正」のために行なわれるのに対し、カラーグレーディングではそこから一歩踏み込んで、作品全体の色をコーディネート、映像の世界観を演出していきます。

イメージ画面 12　カラー調整

第10章
編集の練習をしましょう
編集が身につく6つの Lesson

　編集ソフトの使い方に慣れるため、練習をしてみましょう。

　まずは「**コマ撮り**」制作に挑戦です。

　学校の授業のとき、教科書やノートの隅に「パラパラマンガ」を書いて遊びませんでしたか。コマ撮りとはあれのことです。

　人形アニメーションでよくみる手法で、**静止したものを少しずつ動かして撮影し、連続再生**することで動いているように見せる撮影技法です。

Lesson 1

　1本の鉛筆をまるで人間のように歩かせてみましょう。

　カメラポジションとサイズを変えずに**10枚の静止画を撮って**ください。

　そのとき、写真のように10枚の中で「鉛筆がフレーム・インして進んでフレーム・アウトする」ように撮影してください（サイズは、鉛筆全体が画面に入るフルサイズで）。

　撮影がすんだら編集です。

　タイムラインに10枚の静止画を順番に並べて、とりあえず再生してみましょう。

　どうでしょう？

　編集ソフトの初期設定によって違いますが、静止画をタイムラインに並べたときの秒数は一枚5秒ほどです。これでは鉛筆が動いているように見えませんよね。

　そこで**静止画の長さを1秒ほどに調整**して、再度プレビューしてみてくださ

鉛筆の歩き

い。

　どうです。今度は歩いているように見えませんか？

　実は、コマ撮りで重要なのはこの秒数。1枚が長い秒数だと動いている感じがしませんし、逆に短か過ぎても早送りのように見えてしまいます。

Lesson 2

さらに鉛筆のコマ撮りを続けます。

鉛筆のダンス

　今度は**音楽や効果音をつけて、鉛筆にダンスをさせて**みましょう。

　鉛筆を行きつ戻りつさせたり秒数に長短をつけて、ダンスのステップを作っていきます。

　静止画を10枚から20枚、さらに30枚にと増やしていくと細かい演出ができますので、楽しみながらいろいろ工夫してみてください。

Lesson 3

　次は**人間をコマ撮りで撮影するピクセレーション**と呼ばれる表現技法に挑戦します。

　まずは練習として、**直立した人物が動いていく映像**を撮ってみましょう。やり方は簡単。

①人物を立たせて1枚写真を撮る。

②次に、その姿勢を変えることなく場所を少し移動させて撮影。

③さらに移動して写真撮影。それを繰り返していきます。

気をつけるポイントは3つ。

a）移動する距離を一定にすること

b）直立する姿勢を変えないこと

c）カメラをなるべく動かさないこと（三脚を使う）

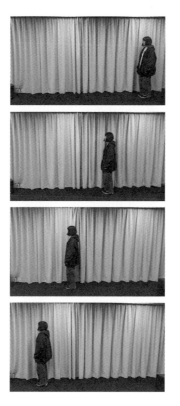

参考動画

ピクセレーション 1

Lesson 4

　ピクセレーションは普通ではありえない動きを考えると面白くなります。

　ここでは「人が飛んでいるような不思議な映像」を作ってみましょう。

　手順としては、

①まずは普通の動画で「人物が歩いて登場し画面中央でジャンプする姿」を撮
　影。

②ジャンプしてからは**ピクセレーション**です。

　先ほどの直立と同じ要領で、ジャンプするタイミングに合わせて連続した写
　真を撮っていきます。ジャンプの高さや姿勢を変えずに撮影してください。

③最後に編集でジャンプするまでの動画とピクセレーションの静止画をつなげ
　て完成です。

ピクセレーション2

■ 2つの編集方法について

1. カット編集

　ひとつの動画クリップを分割して必要なところだけ利用したり、前後の不要な部分を削除したりする編集方法を「カット編集」といいます。

　とても簡単な編集方法ですが、プロの編集マンの映像編集もほとんどこの「カット編集」で成り立っています。

参考動画

アクションカット（コーヒーを飲む）

2. アクションカット

　「立つ」「座る」などアクションをきっかけにカットを切り替える編集手法です。この手法では、前後のカットで被写体に同じ動きをさせることが重要です。

　例えば、コーヒーを飲む映像がヒキとヨリで2カットあるとします。

　被写体が同じ動きをしていれば、編集していることがわからないぐらいスムーズに前後のカットを接続できます。

　また、2つのカットの構図に差をつけること。サイズや角度など、思い切って変化をつけてみましょう。

カット1（ヒキ）

カット2（ヨリ）

Lesson 5

　人物を歩かせて「画面の右（上手）からフレーム・インして左（下手）にフレーム・アウト」するカットを撮ってください。

　カメラはフィックス。ズームやパンはせず固定したままで、2カットを撮ります。

　カット1はフルサイズで、カット2は腰から足下までのヨリのサイズで。

　撮影したらこの2つのカットをアクションカットでつなげてみましょう。

　人物が画面の中央に来たところで、カットを切り替えてみてください。

カット1（ヒキ）　　　　　　カット2（ヨリ）

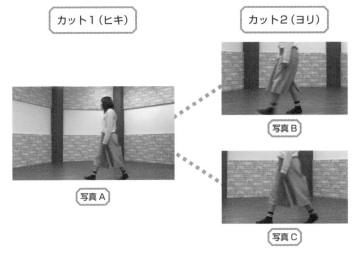

写真A

写真B

写真C

70

さて、どうでしょう？

うまくつながりましたか？

このアクションカットで大切なのは、**人物の動きを合わせること。**

ヒキのカット終わりを写真Aにすると、ヨリのカット頭は写真Bと写真C のどちらがいいと思いますか？

ポイントは足の動きです。

ヒキのカット終わり（写真A）では、右足が前に出ています。

ではヨリの写真ではどうでしょう。写真Bでは前に出ている足は左、写真 Cでは右です。

アクションカット(歩き)

そうです。写真Cにつないで前に出ている足を同じ 右足にすると、人物の動きはスムーズとなります。一方、 写真Bにつなぐとズレが生じて不自然に感じます。

撮影用語で編集の切替えが自然であることを「つなが る」、逆に不自然に感じることを「つながらない」といい ます。

Lesson 6

続いて**人物が振り返る動き**をつないでみましょう。

今回も2カットを撮ります。カメラはフィックス。ズームやパンはしないで ください。

カット1はフルサイズ。このカットでは人物を正面から後ろに振り向かせま す。

カット2はウエストサイズ。カット1とは別角度から人物が振り返るのを受 けてください。

ポイントは被写体の動き。2カットともスピードや体・首の角度などが同じ になるよう気をつけながら撮影しましょう。

カット1（ヒキ）

カット2（ヨリ）

■ つながる / つながらない

参考動画

アクションカット3
（振り返り）

　アクションカットでは「歩き」や「振り返り」などの
スピードや体の位置・角度が違うと動きがつながりませ
んでした。実は編集で「つながらない」というケースは
他にもあります。

　次の2つの写真を見てください。コーヒーを飲んでい
る2つの映像です。この2カットを編集したいのですが、
何か違和感はありませんか？

カット1（ヒキ）

カット2（ヨリ）

　まるで間違い探しのようですが、すぐに気付きましたよね。
　そうです。カップを持っている手です。1カット目が左手、2カット目が右
手とカップを持つ手が変わってしまっています。この2カットを編集して連続
すると「つながらない」状態になってしまいます。

「つながらない」という失敗。実はプロが制作する映画やドラマでも起こることがあります。

　全速力で駆け込んできた主人公の息が1カット目ではゼイゼイと荒かったのに、2カット目ではたいしたことがなかったり、腕組みで右腕が上だったのが左腕が上になっていたり、飲んでいたジュースの量が急に減っていたり……。まあいろいろです。

　私にも苦い思い出があります。

　映画の助監督時代、カフェでの会話のシーン。ヒキを撮ったあとの休憩のとき、女優さんがイヤリングを外してしまったのです。それに気付かずに撮影。2つのカットを編集すれば、イヤリングが突然消える「つながらない」映像になります。イヤリングの管理は私の担当。当然監督からの大目玉。深く反省しています。

カット1（ヒキ）　　　　　カット2（ヨリ）

第11章
レベルアップした 1 分間番組を作ります

　第 8 章の「1 分間コンテンツ」に戻ります。

　まずは 9 章・10 章で得た編集の知識を基に、企画を見直してみてください。

　その上で**構成書きを作って映像の流れを確認し**、スタッフ・出演者と共有してください。さらにシナリオ・字コンテ・絵コンテを作るとより分かりやすくなります（P.77 ～ P.79 を参照してください）。

　ライブ感を重視したい場合は、カメラを 2 ～ 3 台使って撮影する方法もあります。撮り直しができないスポーツや音楽ライブ、突然のプロポーズやバースディのサプライズ企画などには数台のカメラで対応してください（スマホと映像専門カメラを混在させても問題ありません）。

　このあと、**字コンテ・絵コンテの実例**を挙げますので、それを参考に絵コンテを作ってみましょう。そのコンテに沿って撮影し、それを編集すると作品は完成します。

　コンテを作るとき、多くの人は**サイズやカメラワーク**（ズーム・パン・ドリーなどを使ってカメラをどう動かすか）を意識します。もちろんそれは大切なことです。ですが、もう 1 つ考えて欲しいことがあります。

「**フレームの中で人物を動かす**」ことです。

　例えば、出演者の登場の仕方。

　始めからフレームの中にいるのではなく、撮影途中から出てきたらどうか。

　そんなことを考えて欲しいのです。

　"人物ではなくフレームを動かす"カメラワーク。

　"フレームの中で人物を動かす"FIX での演出。

　この 2 つは撮影方法の車の両輪です。そのときどきに応じて、適切な方法を考えてください。もちろん合わせ技で「キャメラを動かしながら、人物も動かす」方法もあります。

　この章では知っておくと便利な撮影用語をいくつか紹介します。たとえば、「空舞台（からぶたい）に上手（かみて）からフレーム・インする」など。

　コンテを書くときなどに利用してください。

1. 空舞台（からぶたい）

　元々は舞台用語で、出演者がいない「無人」の状態から始まることをいいます。また、空舞台に人物が入ってくるポジションのことを "待ちポジ" と言います。

2. 上手（かみて）

　舞台用語。客席から舞台を見たときの右側を指します。

　客席からの目線で左側のことは下手（しもて）といいます。

　映像ではカメラマンが出演者に「もう少し右に移動して」と言ったとき、出演者が自分の右手の方向に移動してしまう場合があります。この混乱を避けるために上手・下手を使います。

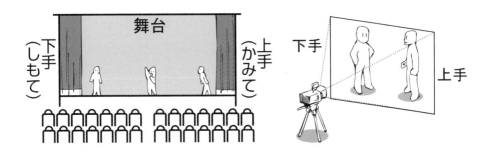

3. フレーム・イン

　被写体が画面の外から入ってくることです。

　逆に画面の外に出て行くのはフレーム・アウトといいます。

参考動画

フレーム・イン
フレーム・アウト

> **フレーム・イン**
> 人物が上手からフレーム・イン

> **フレーム・アウト**
> ロケットが空に向かってフレーム・アウト

4. 板付き

　カメラが回ったとき、最初からフレーム内に出演者がいること。これも元々は舞台用語。板とは舞台のこと。なので板付きとは「幕が上がる前から俳優が舞台に出ている」ことを意味します。

5. バミリ

　フレーム内での出演者の位置を決め、テープを張ったりして目印を作ること。語源は舞台の「場見る」から（諸説あります）。

6. POV（point of view。"主観"または"見た目"ともいいます）

　カメラ自体が人物の視点になって、被写体を捉えているショット。主観撮影。「演技者が見たもの」をカメラが撮影するので、見た目ショットなどと言います。

C-1
ヒキ2人

C-2
女の後ろ姿を
見る男

C-3
男の見た目。
女の後ろ姿

← これが
POVショットです

7. ヨコイチ / タテイチ

　人物の配置などで横方向に構図を取るのを"ヨコイチ"、縦方向に構図を取るのを"タテイチ"といいます。

ヨコイチの構図

タテイチの構図

参考動画

1分間コンテンツ
（編集あり）2作品

字コンテの見本

S#25　住宅街

C-1	正面ヒキ　車がやって来て止まる。その前を親子が歩いて行く。
C-2	カメラ助手席。通り過ぎる親子から運転席の美穂にパン。車が走り始める。カメラ正面にパン。するとすぐ先の路地から自転車が飛び出してくる。
C-3	美穂の顔 up。ハッとする。
C-4	美穂の足 up。ブレーキ踏む。
C-5	ぶつかる車と自転車（ヨリ）
C-6	転がる自転車の男
C-7	美穂の up。「やっちゃった」という顔
C-8	廻る自転車の車輪の up

S#38　道

C-1	玲子のウエストショット　手持ち撮影　金魚鉢をもったまま歩く玲子。そこに、玲子を追いかける隆がフレームイン。隆「玲子！」
C-2	玲子と隆のツーショット　ニーサイズ　隆が玲子を捕まえようと肩を掴む。玲子「離して！」
C-3	金魚鉢の up　揺れる金魚鉢。中にいる金魚も揺れる
C-4	玲子の up　隆ナメ　叫ぶ玲子　玲子「離してよ！」
C-5	隆の up　玲子ナメ　肩から手を離す隆。隆「わかった、離すから、落ち着いて」
C-6	玲子と隆のツーショット　ヨコイチ　フルサイズ　玲子「私は落ち着いてるよ！」
C-7	玲子の足の up　裸足

ヒキ　ベッドにいる優香、外の物音に
　　　気づき、部屋の外に

廊下　優香ＢＳ（バストサイズ）
　　　ドアから恐る恐る顔を出すと、
　　　玄関を見る

優香のＰＯＶ（見た目）
　　　玄関に立つ女

優香の up　女の足元を見る

女の足元の up

人形の顔にポン寄り

※ポン寄り
　　ヒキの絵から、位置や角度を変えずに
　　タイトショットの画面にすること

ズームイン
ズーム終わりのフレーム枠を描き、
そこに向かう矢印をつけて表現

人物の動き
アクションを矢印で表現

パンダウン
カメラの動きを矢印で表現

第12章

レベルアップに不可欠な基本です
イマジナリーライン／目線

問題です。

次の2つの絵コンテのカット3には、**エスタブリッシング・ショット**（画角の広い絵を用いて、視聴者に状況を理解してもらうためのカット）が入ります。どんなカットがくるのか考えてください（答えは1つではなく、たくさんあります）。

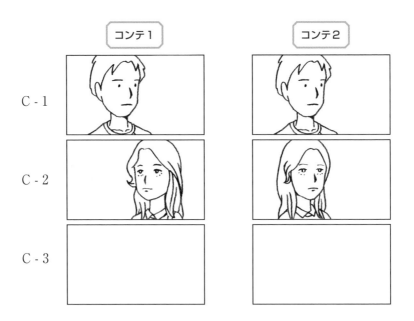

いろいろ考えられますが、例えば右ページ上のコンテ1なら男女が向かいあっている姿。同じくコンテ2は、男女が同じ方向を見ている感じから、2人並んで目線の先の対象物（人物にしろ物にしろ）をみている状況カットをイメージされたのではないでしょうか。

では次の質問です。

コンテ1のエスタブリッシング・ショットをカット1（C-1）に変更します。C-2を男のアップ、C-3を女のアップにしたいのですが、顔の向きはどうすればいいでしょうか。次のA案、B案から選んでください。

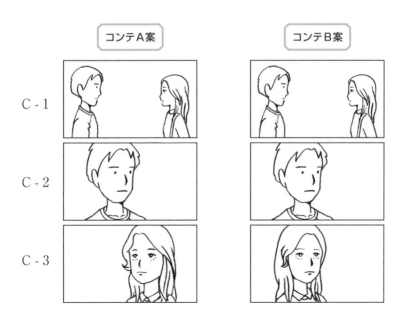

A案だと向かい合っている姿がしっくりきます。一方、B案だと男女の位置関係がどうなっているのか少し混乱しますよね。ということで、多くの方はA案を選ばれたのではないでしょうか。

■ イマジナリーライン

ここで少し専門的になりますが、**イマジナリーライン**の説明をします。

今回の例のように向かい合う2人を撮る場合には、2人を結ぶ直線を想像しながら撮影をします。この目に見えない線のことをイマジナリーラインといいます。

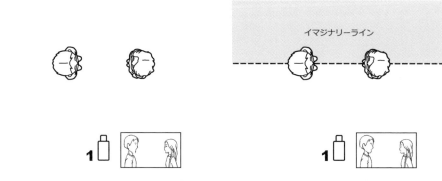

このイマジナリーラインの一方の側だけにカメラを置いて撮影すると、2人の位置関係を混乱なく見せることができます。

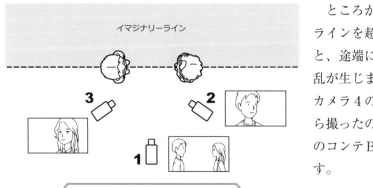

前ページのコンテA案のカメラ位置

ところがイマジナリーラインを超えて撮影すると、途端に位置関係に混乱が生じます。右の図のカメラ4のポジションから撮ったのが、前ページのコンテB案のC-3です。

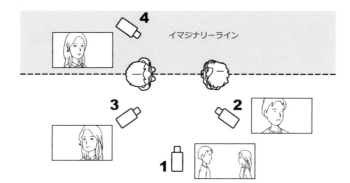

イマジナリーラインは、競泳やサッカーなどのスポーツ中継を考えるとわかりやすいです。

プールの逆側（イマジナリーラインを超えたサイド）にカメラポジションが移ると、選手がどちらに向かって泳いでいるのか一瞬わからなくなりますよね。

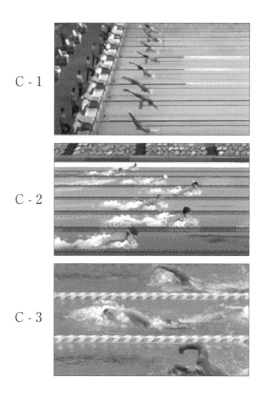

C-1

C-2

C-3

84

さらに4カット目でまたイマジナリーラインを超えると、ますます混乱します。特にトップから遅れた選手が逆に向かって泳いでいる場合は、その混乱に拍車がかかります。

C - 1

C - 2

C - 3

C - 4

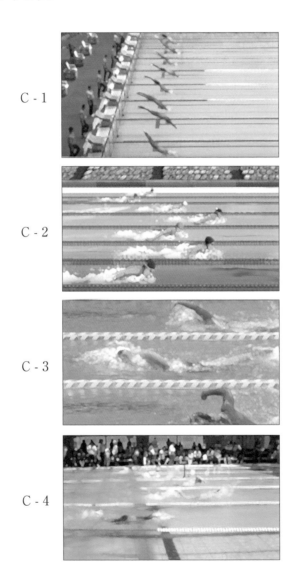

C - 1

C - 2

C - 3

C - 4

C - 5

C - 6

競泳以上に混乱するのが、水球です（ユニフォームがないので余計にです）。

C-1の状況カットのあとに、イマジナリーラインを無視したカットを連続させ、その後にヒキの映像（C-6）を入れてみましょう。

さて、方向性はわかりますか？　C-6のゴールはC-1と同じチームのゴールでしょうか？　それとも敵チームのゴールでしょうか？

イマジナリーラインを守っていれば同じチームのゴールですが、C-6がイマジナリーラインを超えて入れば敵チームのゴールとなります。

選手のキャップの色で判別はできますが、ちょっとわかりづらいですよね。

話がもっとややこしくなるのは、イマジナリーラインを超えてはいけないというルールが絶対的ではないことです。

サッカー中継もイマジナリーラインを超えると攻守のサイドがわかりづらくなります。でも向こう側のサイドで行なわれるスローインやコーナーキックの時は、イマジナリーラインを超えた映像がインサートされますよね。

これは制作者サイドが、イマジナリーラインを超えても視聴者が混乱や誤解をしないと判断しているからです。

確かに、見ていて違和感もなく攻守のサイドを勘違いすることはないですよね。

さらにイマジナリーラインをわかりにくくしているのは、意図的にルールを破るケースがあるからです。イマジナリーラインを超えて、ある種のギクシャ

クを狙うというか、「あれっ!? 何か起こった！」と客に思わせるため、わざとスムーズに見せない確信犯的な手法です。

　何ともやっかいなルールです。

　かつてイマジナリーラインのルールは厳格なものでした。しかし家庭用ビデオカメラが普及し簡単に映像が撮れるようになった1990年代頃からかなり緩やかになってきています。アマチュアがルールを知らずに気軽に撮影できるようになり、その映像が世の中に氾濫。それが違和感なく受け入れられたため、ルール（映像の文法）が変化しているのかもしれません。

　映像は1891年、エジソンがキネトスコープという装置を発明したのが始まり。それからまだたったの130年。とても浅い歴史です。技術の進化とともに、ルールや文法が変化するのは自然なことなのかもしれません。

　とはいえ、……です。

　先程の水球のように、わからなくなるケースはあります。

　昔からのルールは物事の根幹・本質に通じるもの。知っておいて決して損はありません。

「守破離（しゅはり）」という言葉があります。

　茶道や武道などの芸道・芸術で使われている言葉です。

「まずマネをする（守）。次に自分のオリジナルを混ぜてみる（破）。最後に、新しいものをつくっていく（離）」という意味ですが、同時に「教えを破り離れたとしても根源の精神を見失ってはならない」という教訓でもあります。

　これは、映像でも同じこと。

　映像の文法にガチガチに縛られて斬新なアイデアを断念するのではなく、「知ってるけど、その上でどうするか」という柔軟なスタンスに立つことが重要です。

■ 目線

再び問題です。

次の２つの絵コンテを見比べて、印象の違いを考えてください。

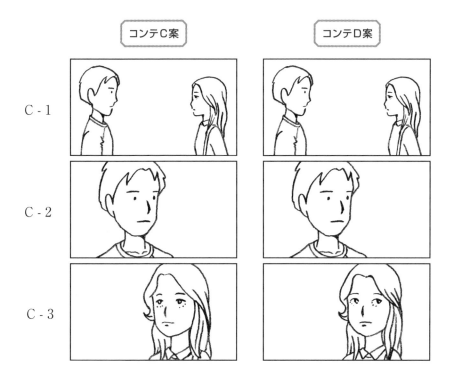

コンテC案では、男女が見つめ合っています。ですが、コンテD案では女性が男性から視線を外しているように見えます（あるいは別の何かを見ているのかもしれません）。

このように、**目線の方向で映像の印象が変わってしまうので注意が必要です。**

　次にカットバック（P.52 参照）**を増やしたコンテ E 案と F 案を比べてみてく**
ださい。

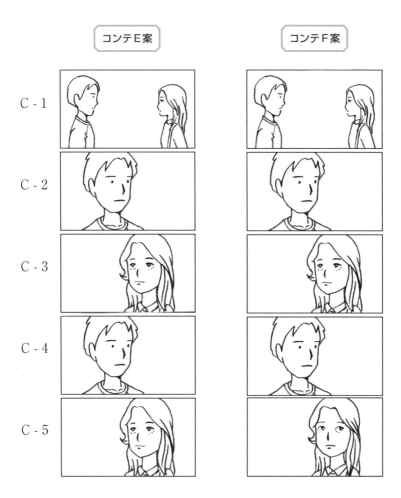

　コンテ E 案では「お互いをずっと見つめたまま」ですが、**コンテ F 案**では、
Ｃ - ３で男性を見ていた女性が、Ｃ - ５で別の人（物）に目線を移したように
見えます。このように目線は演出の重要な要素です。いろいろ試して、上手く
使いこなしてみてください。

　また男性から目線を外す方向でもだいぶ印象が変わってきます（目線2と目線3）。

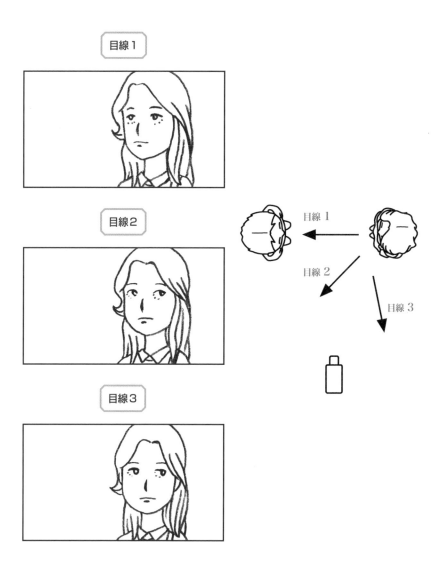

第13章
リップダブを作ってみましょう

　動画配信サイト YouTube で大人気のジャンル、**リップダブ**（Lip Dub）を
ご存知でしょうか？

　リップダブとは、人気アーティストの楽曲に合わせて、まるで本物の歌手に
なりきったように歌うパフォーマンス映像です。歌うと言ってもいわゆる口パ
ク。歌手本人の歌声に合わせて唇（リップ）を動かすだけです。そしてリレー
形式で次から次へとたくさんの人たちが登場してひとつの歌を歌い上げていき
ます。街の住人全員が出演して歌っちゃう、なんてこともあります。

　このリップダブ。歌の上手下手に関係ないことや大勢で行って抜群の一体感
を得られることなどから、世界各地で盛り上がりを見せています。

　第13章から第15章にかけて、このリップダブにトライしていきます。

　リップダブの**ルール**は一つ。

　曲の最初から最後までを1カット撮影し、編集をしないこと。

　これは映画やドラマでも使われる**長回し**（ながまわし）といわれる撮影手法
です。

　この長回し1カットで重要なのは、とにかく見ている人を飽きさせないこと。
カメラの動き（カメラワーク）や、"人間をフレームの中でどう動かすか"を
工夫しながら撮影していきましょう。

　ここで世界的に有名な2作品を紹介します。創意工夫に溢れた演出を是非ご
覧ください。とても参考になります。

　一つは、サプライズ・プロポーズ。

　これはリップダブを世界的に有名にした作品の一つで、家族や友人60人以
上で制作したプロポーズのためのリップダブ動画です。

https://www.youtube.com/watch?v=5_v7QrIW0zY

　もう一つは、アメリカのグランドラピッズという街全体で撮影された大規模なリップダブ。最後はヘリコプターも登場する大掛かりな作品です。

https://www.youtube.com/watch?v=ZPjjZCO67WI

　それでは、実際にリップダブを作ってみましょう！

Step1　曲を選ぼう

　最初にすることは、もちろん曲選び。

　以下のことに注意しながら、曲をセレクトしてください。

①誰に見せるのか。

　同年代の友達に見せるのか、それとも親などの上の世代に見せるのか。

　それによって曲の選び方が変わってきます。

②見せる相手をどういう感情にしたいのか。

　楽しい気分にさせたいなら明るいポップな曲、しんみりと感動させたいならバラード。見せる相手のことを考えながら曲を選んでいきましょう。

③撮影のとき、歌いやすいかどうか。

　洋楽の曲は英語ができない人には手強いもの。また、ラップなど言葉の使い方やリズムの捉え方が難しい曲もあります。

　唇（リップ）を合わせるのがリップダブの大切な要素。

　特に団体で歌う場合は、あまり難しい曲を選ばずに誰もが知っている曲にするのがオススメです。

　選曲の最終関門は、著作権です。

　演奏やインターネットなどで配信する場合、事前に音楽の著作権者から利用を許可してもらう必要があります。まずは音楽の著作権を管理する団体「JASRAC」に問い合わせ、必要な場合は申請手続きをしてください。

https://www.jasrac.or.jp/

　なお、自分の家庭だけで楽しむ場合とYouTubeに公開する場合などで曲の使用条件が変わりますので、ご注意を！

Step2　出演者を探そう

　曲が決まったら次は出演者探しです。

「え⁉　映像の構成を決める前に人探しをするの？」

　そう驚かれるのも無理はありません。

　確かに1人や2人が出演するだけのリップダブなら、構成を決めてからでも人集めは可能です。でももし50人とか100人必要ならどうでしょう。

　正直なところ、10人を超えると集めづらくなってくるのが現実です。

　まずどれぐらいの人が出演してくれるのか。それを確かめてから構成を練ったほうがいいでしょう。

　リップダブは基本的には1カット撮影です。1カットで撮影するということは、必ず同じ時間、同じ場所に人を集めなければなりません。

　確かに登場人物が増えれば様々なアイデアが可能になって、作品がユニークになるかもしれません。しかしスケジュール調整がとても難しくなるのも事実です。

　最初は現実的に5人ぐらいを目指して人を集めてみてはどうでしょうか。

Step3　撮影場所を探そう

　出演者が決まったら次は撮影場所です。

　出演者と同様、構成よりも先に撮影場所を決めてしまいます。

　構成は、撮影場所と出演者の数が計算できるようになってから作っていきましょう。

「飛行場で飛行機が飛び回る中で撮影したい！」

「世界遺産の神社で撮影したい！」

「真夜中の遊園地で撮影したい！」

　気持ちはとてもよくわかりますが、こういった場所の撮影許可はなかなか下りないもの。許可されたとしても、目が飛び出るほどの使用料金だったりします。

　アイデア通りのロケ場所を見つけるのは、現実にはなかなか難しいものなの

です。ここは割り切って、撮影許可が確保しやすい場所から始めてみてはどうでしょう。

　撮影する場所は大きく分けると、**" 建物の中 "** か**" ロケーション撮影 "**（屋外での撮影・通称ロケ）。

　屋内の場合は、その建物を所有している責任者に許可を取ってください。許可なしに撮影をすると不法侵入で逮捕される場合もあるので、絶対にやめてくださいね。

　ロケ撮影の多くの場合も、書類申請をして許可を取る必要があります。

　道路は警察、河原の土手は国土交通省など。それぞれ管理する場所が違うので注意してください。

> 道路使用申請のときは、
> 申請書・企画書・撮影箇所の台本の写し・地図のコピー・現場詳細図などを提出します

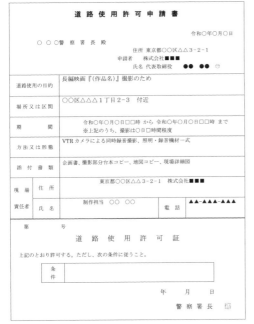

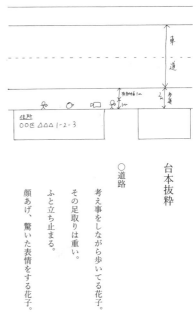

Step4　構成を作ろう

　構成は建物における設計図です。

　設計図なしに建物を建てたら、めちゃくちゃな建物になってしまいますよね。そうならないためにも、きちんとした構成を作る必要があります。

　1カット撮影が基本のリップダブでは、撮影場所と出演者の数を計算にいれながら構成を練っていきます。このとき鍵を握るのが、撮影場所の地図です。

　まずは簡単でいいので、上から見た撮影場所の地図を書いてください（俯瞰図1）。

　そしてそこに出演者と、カメラの動きを書き加えていきます（俯瞰図2）。

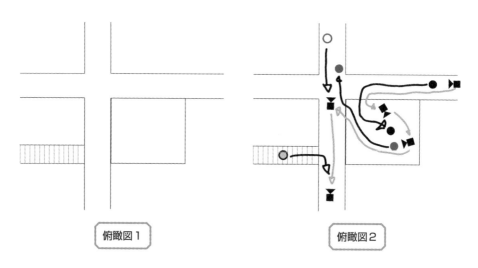

俯瞰図1

俯瞰図2

　最初はラフで構いません。いきなり完璧なものを目指す必要はありません。油絵でも重ね塗りしますよね。そんな感じで、動きをどんどん加えていってください。

　頭の中でシミュレーションを何回も繰り返しましょう。映像を浮かべて具体的にイメージ。粘り強く考え続けることが大切です。

　それと人の移動だけではなく、小道具を出すポイントも考えましょう。例えば、しゃぼん玉や風船などを登場させるなど（俯瞰図3）。

　そうすると作品がどんどんユニークになっていきます。

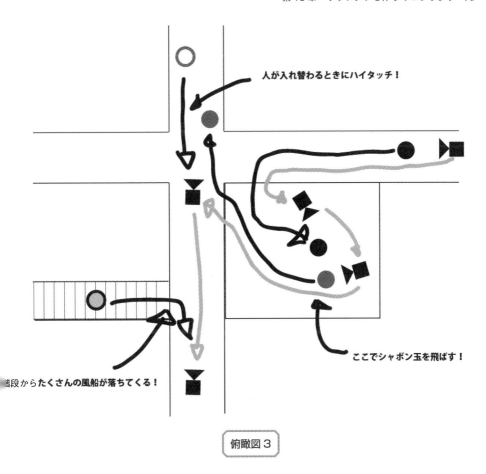

人が入れ替わるときにハイタッチ！

ここでシャボン玉を飛ばす！

階段からたくさんの風船が落ちてくる！

俯瞰図3

それから当然ではありますが、歌詞や曲のタイミングにも注意してください。
曲のどの時間にどの場所にいるか、ということがとても重要です。

Step5　リハーサル

出演者の動きとカメラの動きを合わせるリハーサルをしましょう。

最初はうまくいかなくても、何度も繰り返して満足いくまで練習してください。

第14章
リップダブの作品を紹介します

ゼミの学生が撮影したリップダブ作品の中で、面白かったものを紹介します。

■ サカナクション「新宝島」

この作品の良いところは「街」を活かしきったカメラワークです。

普通、リップダブは公園や学校などの大きめの施設を使用することが多いのですが、この作品は街そのものを舞台にしています。立ち並ぶショップや住宅街など、街の景観をあますところなく撮影。常に動き続けるカメラワークに合わせ、登場人物たちは歩き続け、そして時に走ったりもします。カメラと登場人物の動きがぴたりとあうことで、躍動感あふれる映像が生まれています。

冒頭のスタート地点から様々な通りや細い路地を抜けていき、最後にはまた冒頭の場所に戻ってくるという構成も見事。その間に歌やダンス、また歌詞を紙に書いて貼るなど、様々なアイデアで見る人を楽しませる工夫が随所に仕掛けられています。

数あるアイデアを無理なく映像に収めるカメラワークがとてもうまく、見ていて少しも飽きることがありません。

また、人の多い街や通りで撮影するため、人気のない早朝に撮影。朝日を入れ込むなど芸の細かさも素晴らしいです。

■ 木村カエラ「Ring a Ding Dong」

この作品は映像全体を逆回転させています。

逆回転とはなんでしょうか？

撮影した映像を、編集で逆再生し音楽に合わせているのです。そうするととても不思議な効果が生まれます。

撒き散らした紙吹雪が手元に戻ってきたり、割れた水風船が元に戻ったり、普通では見られない世界を描けるので効果は抜群です。

しかし撮影がとても大変。

撮影時に現場で登場人物に聞かせる曲も、逆回転バージョンを作っておく必要があります。逆回転バージョンに合わせて出演する登場人物の動きをつけておかないと、通常の再生になったとき映像と曲がうまく合わなくなってしまうからです。

曲が逆回転になると歌詞も当然のごとく逆回転。意味のわからない歌になりますが、それでも逆回転の歌に合わせてリップを動かしていきます。

人物の動きも逆回転の場合は注意が必要で、普通に歩いているよう見せるためには、後ろ歩きで撮影をする必要があります。ということは「ゴール地点から撮影を開始して後ろ歩きで進みスタート地点がゴールになる」という、すべてを逆にした撮影をするわけですね。

こうした苦労を乗り越えて作られた映像はなんとも言えない不思議な世界になっています。

■ モーニング娘。「LOVE マシーン」

この作品の良いところはドラマ性。

普段は奥手な女の子が、好きな彼のために自分を変えようとする。そして色々な努力をして、綺麗になって、愛の告白へ……。

一人の人物にフィーチャーしたドラマ仕立てのストーリーが軽快な音楽に乗せて繰り広げられていきます。

ただ、これはリップダブ。普通のドラマと違って、1カット撮影のカメラワークがルールです。1カットの中にドラマをどのように織り込んでいくか、その構成を作るのが大変。この作品はそれを見事に成立させています。

建物の中を移動しながら、うまく場面転換をし、ダンスを挟みながらも、主人公の成長場面を少しずつ挿入していっています。

事前に考え抜かれた構成がとても素晴らしい作品です。

良い作品もあれば、これはちょっとと感じる作品もあるもの。

反面教師として参考にしてください。

■ 失敗例1　人の変化が少ない

リップダブ作品で一番見ていて辛くなってしまうのが「人の変化が少ない」こと。

登場人物が1人しか出ないリップダブは、やはり寂しく変化が少ないものです。有名人が出ていれば話は変わってくるのでしょうが……。

やはり、1人よりも2人、2人よりも大勢が出演し、入れ替わり立ち替わり人が変化していくと見ていて楽しいものになります。

■ 失敗例2　場所が同じ

場所がずっと同じところだと画変わりがせず、飽きてしまいます。

よくやってしまう失敗が、とても広い場所で撮影してしまうこと。例えば海岸や河原など、すごく見晴らしの良い場所など。

「え？　見晴らしが良い場所じゃいけないの？」

たしかに、海や川など広い場所で撮影する映像は気持ちの良いもの。ただ、リップダブには不向きです。なぜなら、場所を変化させるために大きく移動する必要があるからです。広い場所では早く大きく移動しても同じ風景が続いてしまって、いくら綺麗な場所でもそのうち飽きてしまうのです。

リップダブでは、できるだけ大きな建物（例えば学校）が有効です。いろいろな部屋を移動するだけでも映像に変化が出ます。また廊下や階段やエレベータだけでもいろいろなアイデアを追加できます。

変化が少ないことの逆はなにか？

見ている人を面白がらせるアイデアが豊富にある、ということです。

失敗を恐れずに、どんどんと面白いアイデアを作品にいれていきましょう！

ここで、あると便利な撮影機材を紹介しておきましょう。

■ スタビライザー（ジンバル）

この機材の特徴は、三脚に固定したような安定感のまま、カメラを移動できること。手持ち撮影とはまったくちがった滑らかな動きを得ることができます。

移動が多く複雑なカメラの動きが要求されるリップダブでは、とても有効な機材です。

以前はかなり高価な機材でしたが、現在はスマホ用もあり、かなりの低価格で手に入れることができます。

■ 撮影用の LED ライト

さまざまなところを縦横無尽に移動するリップダブのカメラワーク。

暗いところを移動したり、明るさが違う屋外と屋内を行ったり来たり……。そういったとき、ライトがひとつあるだけで作品のクオリティがアップします。

■ モバイルスピーカー

撮影のときに必要なのが、出演者やスタッフに音楽を聴かせるためのスピーカーです。確かにスマホでも音楽を聴かせることはできます。しかし外や広い室内などでは、音量が小さくて大勢の人に聞こえない場合があります。そうしたときにモバイルスピーカーが有効です。

スピーカーとスマホをワイヤレスで接続させることで、スピーカーを自由に配置することができます。

第15章
リップダブ　ケーススタディ

　この章では、リップダブの**実際の制作過程**を取り上げ、ケーススタディをしていきます。

■ 曲探し

　今回ケーススタディで使用する曲は、私の知り合いの知り合いのバンド、NSTINDANCETON（ンスティンダンストン）さんの曲です。協力を依頼したところ、2曲（「Tiny Christmas Rock」「テクノロ・ジェントルマン」）を提供していただけました。

公式サイト　http://nstindanceton.com/

　そこで、映像作家を目指す20代の学生さん2人にリップダブを監督してもらうことにしました。

　まずは、詞をご覧ください。

【Tiny Christmas Rock】 作詞：Harold　作曲：Keaton

おれたち小さな ミュージシャン
姿の見えない ミュージシャン
真っ赤な帽子のフォーピースバンドさ
呼ばれて飛びでてジャンジャジャン！

今夜はマジカル・ホーリーナイト！
朝まで歌うぜジャンジャジャン！
サンタクロースのお願いだからさ
「誰も悲しくさせぬように」と

ブーツがおしゃれな そこのお兄ちゃん
涙は見せずに 心で泣いてる
ケーキの味さえ あの子に喩えちゃうなんて
こいつはおれたちの出番だ！

そうさ クリスマスに素敵なメロディが流れたらきっと
君も笑顔になれるはずだよ
たとえ この街の中 たったひとりきりに思えても
そばにいるよ ホーリナイト！
こびとのロック タイニーボーイズ
こびとのロック Everybody クラップユ アハンズ！

コートもイカすぜ そこのお兄ちゃん
飛んだり 跳ねたり 喚いたりしても
忘れられないことは 忘れなくてもいいよ
ただひとつだけ思い出して

そうさ クリスマスの素敵なメロディに包まれてみれば
君も自由になれるはずだよ
そして ゆるせない過去も 甘く苦い思い出も
オーナメントに見えてきちゃったりして

クリスマスに素敵なメロディが流れたらきっと
みんな笑顔になれるはずだよ
どんな 昨日があってもいい 今を暖めていこう
踊り明かせ ホーリナイト
たとえ この街の中たった一人きりに思えても
そばにいるよ ホーリーナイト
こびとのロック タイニーボーイズ
こびとのロック Everybody クラップユ アハンズ！

【テクノロ・ジェントルマン】　作詞：Harold　作曲：Robin

犯罪も環境汚染も今は昔
驚異の技術革命で 問題は失われた
ジェントル！ ディンプルが素敵だわ
伝統的に最先端を嗜もう

踊ろうよ Let's come on guys!
悩む時代は終わった
まさかの展開が
繰り広がることもない
ボタン1つ押せば
全て丸く収まるさ
テクノロジーの指揮のもとで

ピークドラペルのスーツが似合う
とびきりスマートな 足早の紳士がひとり
ジェントル！カラーピンがセクシーね
懐旧趣味のスーパーマン
ジェントル！どんなトラブルも
何だって解決へ導く人

踊ろうよ Let's come on guys!
悩む時代は終わった
君とのイザコザも
イコライジングすればいい
僕の心さえも
全て丸く収めてしまおう
テクノロジーを駆使するんだ

全て完璧な世界
汚れた地球儀に人の心さえも 思い通り
問題は失われた
しかし先人は言う
過ぎたるは何とやら
理想へアップデートするたび
君は閉じこもっていく

僕によく似たその目はもう笑わない

踊ろうよ Let's come on guys!
悩む時代は終わった
まさかの展開が
繰り広がることもない

踊ろうよ Let's come on guys!
悩む時代は終わった
踊ろうよ Let's come on guys!
捨てた悩み拾い上げよう
ボタン1つよりも
言葉1つあれば
君は笑ってくれたかな

きっとできるはずさ
君の心取り戻そう
テクノロジーと手を取って

リップダブは曲がないと始まりません。著作権や公開する場所などに気をつけて選んでください。といっても、許可申請は大変。また、著作権フリーの曲だとなかなか良い曲が見つからないものです。

そこでネットでバンドをやっている人に直接オファー、という手があります。インディーズで活躍するバンドさんに声をかけてみると、案外話にのってくれるかもしれません。

大事なのは、1歩を踏み出す勇気。

ダメでもともと。とりあえず行動してみましょう。

■ 出演者探し

曲が決まったら次は出演者探しです。

「Tiny Christmas Rock」の監督は、とりあえず人集めに奔走しました。テーマを決める前に、とにかく大勢の人を集めて迫力のある映像を撮りたいと、手当たり次第に声をかけていったのです。

そして集めること実に30人！

これだけの人数がいると、いろいろなアイデアが可能になります。

一方の「テクノロ・ジェントルマン」の監督は、ダンスをメインにする、というアイデアを思いつきました。リップを合わせて歌うだけではなく、ダンスを踊れる人を登場させて画面を華やかにしたい、と考えたのです。

ただ、これがなかなかの難問。周りにダンスを踊れる人が少なく、知り合いの伝手を頼んでもなかなか見つからなかったのです。

出演交渉は困難を極めました。しかし、監督はへこたれずに声をかけ続け、どうにか7人のダンサーを集めることができました。

■ 撮影場所探し

「Tiny Christmas Rock」の監督は、最初から自分の通う学校で撮影しようと決めていました。学内に絶対に外せない場所があったからです。メディア学部のスタジオです。そこにはセット（一人暮らしの部屋）が作られていました。ただセットといっても、部屋の壁と床と少しの家具があるだけですが……。

「学校の中を歩いていると、突然、クリスマス用にカラフルに装飾された賑や
かな部屋に場面転換する」

　監督はこのアイデアを具体的にするため、部屋を風船やパーティー用具で飾
り付け、色とりどりの照明を仕込んでいきました。

　一方の「テクノロ・ジェントルマン」の監督もロケ地をいろいろ考えました。

　ダンスが踊れる広い場所がいい。しかも、歌詞の中に「未来」のイメージが
あるので、テクノロジー溢れる近未来的な場所で撮影したい。

　じゃあ、最新の機器を開発する工場なんかどうだろう、あるいはコンピュー
ターが密集するサーバーセンターは？

　こういうイメージを考えることは、とても楽しいもの。監督はウキウキしな
がら場所のイメージを膨らませていきます。

　しかし、交渉の結果はＮＧ。理由は工場やサーバーセンターが機密情報だら
けだということ。撮影などもってのほかだというのです。

　そこで監督、振り出しに戻ってロケ場所について考え直しました。

　条件は撮影許可が下りやすい場所。そして、広い室内があって、移動する場
所がたくさんあるところ……。

　考えているうちに、自分の一番身近な場所が、撮影場所に一番適していると
気付きました。監督が通ってる大学のキャンパスです。申請も通りやすいし、
何より無料。勝手を知った場所でリハーサルや準備もしやすいし……。

　こうして２曲とも撮影場所が決まりました。

■ 構成作り

　曲、出演者、そして撮影場所も決まりました。

「テクノロ・ジェントルマン」の監督、これまでの苦労もあって、撮りたいア
イデアが溢れ出てきています。

　ポイントは小道具の帽子のリレー。

　メインのパフォーマーが代わるたびに、次にメインで歌うパフォーマーに帽
子を手渡していく。そのことで、連続している１カットに一体感を出そう、と

考えたのです。

　さらに監督は、あれもこれもと数多くのアイデアをひねり出します。しかしやがてあることに思い至りました。

「あれ？　この曲のどの歌詞で、ダンスやアイデアをいれたらいいんだっけ？」

　頭が混乱してきた監督は、**構成表**を作ることにしました。

「歌詞」「人物の動き」「撮りたい映像」を一枚の紙に記入していったのです。

　まずは歌詞の横に線を引き、その隣に**いろいろなアイデアを書き込んでいき**ました。歌詞から浮かんだイメージ、撮りたい画、出演者の移動ルート、動きやお芝居などなどです。

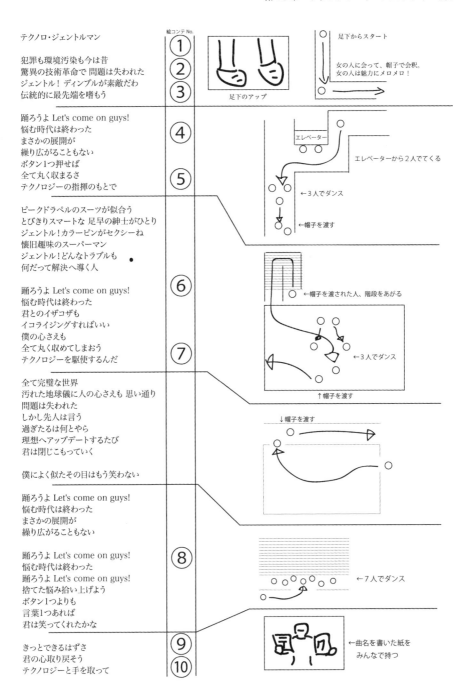

テクノロ・ジェントルマン

犯罪も環境汚染も今は昔
驚異の技術革命で 問題は失われた
ジェントル！ ディンプルが素敵だわ
伝統的に最先端を嗜もう

踊ろうよ Let's come on guys!
悩む時代は終わった
まさかの展開が
繰り広がることもない
ボタン1つ押せば
全て丸く収まるさ
テクノロジーの指揮のもとで

ピークドラペルのスーツが似合う
とびきりスマートな 足早の紳士がひとり
ジェントル！カラーピンがセクシーね
懐旧趣味のスーパーマン
ジェントル！どんなトラブルも
何だって解決へ導く人

踊ろうよ Let's come on guys!
悩む時代は終わった
君とのイザコザも
イコライジングすればいい
僕の心さえも
全て丸く収めてしまおう
テクノロジーを駆使するんだ

全て完璧な世界
汚れた地球儀に人の心さえも 思い通り
問題は失われた
しかし先人は言う
過ぎたるは何とやら
理想へアップデートするたび
君は閉じこもっていく

僕によく似たその目はもう笑わない

踊ろうよ Let's come on guys!
悩む時代は終わった
まさかの展開が
繰り広がることもない

踊ろうよ Let's come on guys!
悩む時代は終わった
踊ろうよ Let's come on guys!
捨てた悩み拾い上げよう
ボタン1つよりも
言葉1つあれば
君は笑ってくれたかな

きっとできるはずさ
君の心取り戻そう
テクノロジーと手を取って

絵コンテ No.
① ② ③ ④ ⑤ ⑥ ⑦ ⑧ ⑨ ⑩

足下からスタート

女の人に会って、帽子で会釈。
女の人は魅力にメロメロ！

足下のアップ

エレベーター

エレベーターから2人でてくる

←3人でダンス

←帽子を渡す

←帽子を渡された人、階段をあがる

←3人でダンス

↑帽子を渡す

↓帽子を渡す

←7人でダンス

←曲名を書いた紙を
みんなで持つ

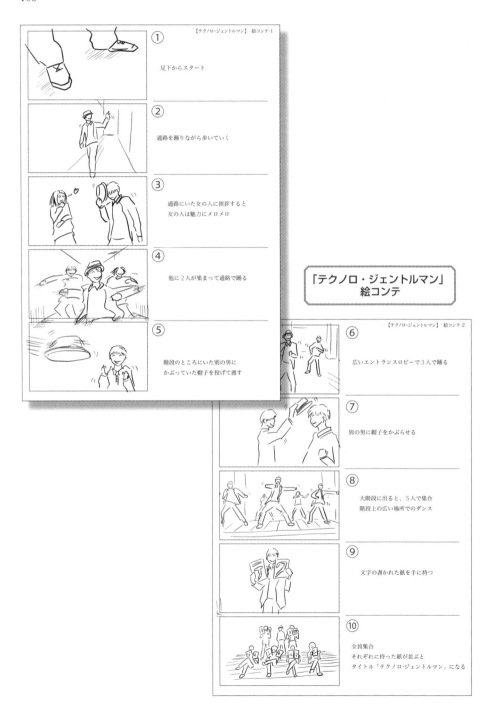

【テクノロ・ジェントルマン】 絵コンテ-1

① 足下からスタート

② 通路を踊りながら歩いていく

③ 通路にいた女の人に挨拶すると
女の人は魅力にメロメロ

④ 他に2人が集まって通路で踊る

⑤ 階段のところにいた別の男に
かぶっていた帽子を投げて渡す

「テクノロ・ジェントルマン」
絵コンテ

【テクノロ・ジェントルマン】 絵コンテ-2

⑥ 広いエントランスロビーで3人で踊る

⑦ 別の男に帽子をかぶらせる

⑧ 大階段に出ると、5人で集合
階段上の広い場所でのダンス

⑨ 文字の書かれた紙を手に持つ

⑩ 全員集合
それぞれに持った紙が並ぶと
タイトル「テクノロ・ジェントルマン」になる

　この監督のように、「歌詞のここからここまでを使用する」という横線を引っ張っておくと、曲全体の構成が視覚化できて、とてもわかりやすくなります。

　最初から完璧な構成を考える必要はありません。ラフな案からはじめて、何度も何度もしつこいぐらいにアイデアや出演者の動きを考えて、プランを練り込んでいきましょう。

　一方の「Tiny Christmas Rock」の監督の構成表をみてみましょう。

　こちらは、風船・プレゼントなどのクリスマスグッズの小道具を使って楽しげな雰囲気を演出しているのが特徴。スタジオにある室内セットでは、照明を変化させムード作りをすることにしました。

　ラストは賑やかに大勢の出演者を出し、明るく幸せそうなイメージ作りを目指します。

110

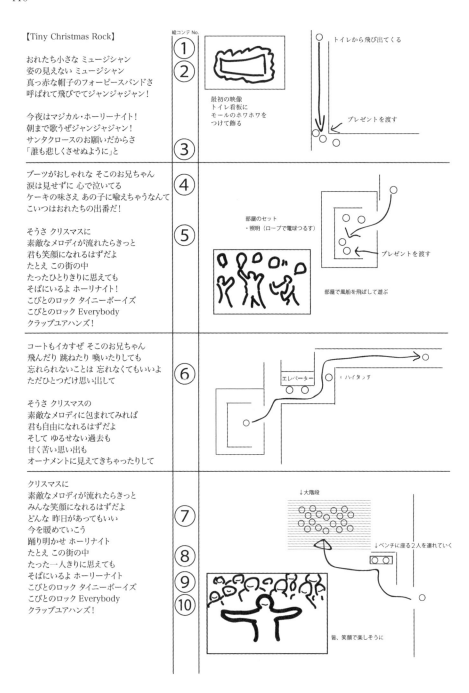

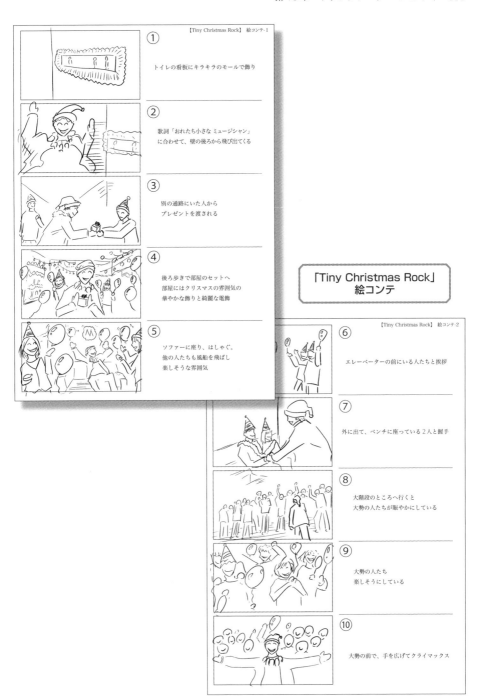

【Tiny Christmas Rock】 絵コンテ-1

① トイレの看板にキラキラのモールで飾り

② 歌詞「おれたち小さな ミュージシャン」
に合わせて、壁の後ろから飛び出てくる

③ 別の通路にいた人から
プレゼントを渡される

④ 後ろ歩きで部屋のセットへ
部屋にはクリスマスの雰囲気の
華やかな飾りと綺麗な電飾

⑤ ソファーに座り、はしゃぐ。
他の人たちも風船を飛ばし
楽しそうな雰囲気

「Tiny Christmas Rock」
絵コンテ

【Tiny Christmas Rock】 絵コンテ-2

⑥ エレーベーターの前にいる人たちと挨拶

⑦ 外に出て、ベンチに座っている2人と握手

⑧ 大階段のところへ行くと
大勢の人たちが賑やかにしている

⑨ 大勢の人たち
楽しそうにしている

⑩ 大勢の前で、手を広げてクライマックス

さて実際に撮影した作品はどうなったでしょうか？

撮影したリップダブ作品はネットにアップしてありますので、ご覧下さい。

参考動画

リップダブ

さあ、みなさんもリップダブにトライしてみましょう。

ポイントは制作プロセスを楽しむこと。

途中で「どうしたらいいんだ？」とわからなくなったら、それはピンチではなくチャンス！　難しい所こそ面白くなるポイントなのです。

常にポジティブ思考で。

そして撮影をエンジョイしてくださいね。

あとがき

「ビギナーが陥りやすいミスとは何か」
「ビギナーがわからないこととは何か」

　大学で講義をはじめて１０年近く。学生さんたちにそんなことを随分教えられてきました。そのたびに授業をマイナーチェンジ。そしてどうにか形になってきたとき、言視舎の杉山尚次さんから今までの授業を本にまとめてみませんかとお声掛けいただきました。というわけで、出版に当たり誰よりも感謝を伝えなければいけないのは、今まで私たちの授業を受けてくれた学生さんたちです。ありがとうございました。

　そして、一緒に授業を行ないリップダブをテーマに据えた中澤正行さんに深謝。また、原稿チェックをして頂いた及川善弘さん、北川篤也さんにスペシャル・サンクスです。さらに金田克美さんに感謝です。

　本書の写真と動画作りに協力いただいた城西国際大学メディア学部の佐藤ゼミの皆さんにも感謝の意を表します。

　特にリーダーの栗田優さんにはご尽力頂きました。改めてお礼を申し上げます。

著者

Special thanks to（順不同）

栗田優さん	小林龍さん	今井衣織さん	加藤優香さん
米澤郁弥さん	関凌汰さん	渡邊顕さん	近藤菜々果さん
林優生子さん	髙橋理紗子さん	野中優汰さん	鈴木陽向さん
沖野恭子さん	高村倖生さん	田中千晶さん	原ななほさん
小野寺七海さん	田中彩野さん	増野直幸さん	宮下千尋さん
金成禧さん	田中晃輔さん	吉野裕大郎さん	菅野美佑さん
庚塚響紀さん	田中里奈さん	石橋陸さん	大出茉利奈さん
小林美鈴さん	浪川翔太さん	大友春菜さん	福田唯桜さん
酒井亮太郎さん	新埜楓さん	高木美結さん	西谷夏帆さん
島田彩実さん	野田瞳さん	細矢雪乃さん	星野桃子さん
島田大輔さん	與那覇雄都さん	千葉夏瑠さん	濱田莉子さん
須田賢仁さん	田代健人さん	長谷川将斗さん	中村真優さん
高野湧太さん	加藤雄大さん	橋本美玖さん	金田莉音さん
長沢美穂さん	新井乃愛さん	吉井夢人さん	小川まどかさん
中島拓海さん	長瀬平さん	阿部奈津子さん	井口裕介さん
丸山多英子さん	村上恵海さん	森戸聖己さん	笠原滉大さん
谷地みこ音さん	平野和希さん	石川貴大さん	長谷部勇樹さん
猪爪歩さん	濱野友香さん	佐藤秀雅さん	羽田宗一郎さん
海老澤大介さん	服部直哉さん	渡邉茉莉乃さん	

【主な参考文献】

『映像制作ハンドブック』（玄光社）

『映画制作ハンドブック』林 和哉（玄光社）

『映画監督術 SHOT BY SHOT』スティーブン・D. キャッツ（フィルムアート
　社）

『映像の原則』富野由悠季（キネマ旬報社）

『一人でもできる映画の撮り方』西村雄一郎（洋泉社）

『映像カメラマンのための構図完全マスター』益子広司（玄光社）

『映画のようなデジタルムービー表現術』ふるいちやすし（玄光社）

『仕事に使える動画術』家子史穂・千崎達也（翔泳社）

『大学生のための動画制作入門 − 言いたいことを映像で表現する技術』黒岩亜
　純・宮徹（慶應義塾大学出版会）

『映像演出の教科書』藍河兼一（玄光社）

東京映画映像学校（TMS）のホームページ・業界用語辞典
https://tf-tms.jp/glossary/

[著者紹介]

伊藤 正治（いとう・まさはる）
１９５９年生まれ。日本映画監督協会会員。日活の社員助監督を経て、
1990年『微熱 MY LOVE』で映画監督デビュー。主な作品に『軽井
沢夫人・官能の夜想曲（OV）』『世にも奇妙な物語／ざしきわらし（TV）』
など。著書に『認知症になったリア王』（共著）、ノベライズ（編訳）の
『フューリー』『シルミド』など。城西国際大学・非常勤講師。

佐藤 克則（さとう・かつのり）
１９７８年生まれ。日活芸術学院在学中より映像制作を開始。在学時に
制作した『トオキーモノクロウム』が神奈川県映像コンクール入選。
２００７年 ndjc：若手映画作家育成プロジェクトに参加『trash
words』監督。２０１８年 初長編監督作品『ライズ - ダルライザー
THE MOVIE』、タイ国際映画祭ベストプロダクションデザイン賞、イ
ンドネシア CINEMA GRAND PRIX2019 top winner など。城西国
際大学メディア学部・助教。

装丁………山田英春
イラスト………工藤六助
DTP制作、イラスト………REN
編集協力………田中はるか

いきなり動画の達人になる本
スマホから始めて「上級スキル」を身につける

発行日❖2020年2月28日　初版第1刷
　　　　2020年8月31日　　　第2刷

著者
伊藤正治＋佐藤克則

発行者
杉山尚次

発行所
株式会社**言視舎**
東京都千代田区富士見 2-2-2　〒102-0071
電話 03-3234-5997　FAX 03-3234-5957
https://www.s-pn.jp/

印刷・製本
中央精版印刷（株）